Himmel mit Sahne

von Alexander Dawian

Himmel mit Sahne

Band 1 - Warum Swinger glücklichen Sex haben und andere oft nicht

von Alexander Dawian

FSC
www.fsc.org
MIX
Papier aus ver-
antwortungsvollen
Quellen
Paper from
responsible sources
FSC® C105338

Bibliografische Information der Deutschen Nationalbibliothek: Die Deutsche Nationalbibliothek ver-
zeichnet diese Publikation in der Deutschen Nati-
onalbibliografie; detaillierte bibliografische Daten
sind im Internet über dnb.dnb.de abrufbar.

***

Herstellung und Verlag: BoD – Books on Demand,
Norderstedt

ISBN 978-3-7562-2540-8

Inhalt

Teil 1
Weshalb Menschen ihrem sexuellen Glück im Wege stehen 1
Kapitel 1 - Moral und Recht vor nicht allzu langer Zeit 3
Kapitel 2 – Monogamie als früher notwendige Ordnung 12
Kapitel 3 - Sexuelle Exklusivität als emotionaler Überbau 16
Kapitel 4 – Beleidigungen im Kampf für gestern 21
Kapitel 5 – Romantik zur Rettung von Wahrhaftigkeit? 31
Kapitel 6 – Schlampenfragen 39
Kapitel 7 – Betrug und Unehrlichkeit als Trauma 48
Kapitel 8 – Besorgnis und Neid 50
Kapitel 9 – Umgang mit dem Alleinsein 58
Kapitel 10 – Eifersucht 67
Kapitel 11 – Die Grundeinstellung, mit der Swingen wirklich
nicht funktioniert 72

Teil 2
Das Lebensmodell des Swingens 75
Kapitel 12 – Swingen ist mehr als Offenheit 76
Kapitel 13 – Der Punkt ohne Wiederkehr 86
Kapitel 14 – Anders als Trivialsex 91
Kapitel 15 – Die Rauschwirkung 98
Kapitel 16 – Pheromone 102
Kapitel 17 – Absturz und Auffangen 105
Kapitel 18 – Herausforderungen in laufenden Partnerschaften
110
Kapitel 19 – Einvernehmen und passende Veranstaltungen 113
Kapitel 20 – Klarstellung zum Begriff „Partnertausch" 117
Kapitel 21 – Fazit und Ausblick 118

Teil 3

Eine kurze Schlussfolgerung in Stichworten 123

Kapitel 22 – Zur Offenheit einer Beziehung 125

Kapitel 23 – Zum Swingen 128

Endnoten 129

Prolog

Dieses Buch handelt von Gefühlen und Erkenntnis. Von intensiven Gefühlen und davon, dass sie erklärlich sind. Von der Veränderung des Lebens. Oder von der Erkenntnis, dass das Leben schon immer so war, wie ich, wie andere sich entscheiden zu handeln. Aber es ist nicht dramatisch. Du wirst hier nichts von Krisen, Schreien, Abgründen und Klippen lesen. Auch wenn unser Leben dies bietet, darum geht es hier nicht. Es geht um langsame Veränderungen und schnelle Kicks. Aber nicht um den tiefen Fall.

Dieses Buch handelt von Geschlechtlichem. Von dem intensivsten, grenzenlosesten Sex, der denkbar ist. Viele Bücher winden sich um das Thema der Lust und der Befriedigung, und dieses Buch ist anders als etliche von ihnen, nämlich kein Manual. Es wird, anders als andere Bücher, nicht Druckstellen und Punkte erläutern, keine Stellungen erörtern, keine Kleinigkeit zum richtigen Umfassen eines Peitschengriffes umreißen und auch keine Erörterungen, wo man die Utensilien erwirbt. Es handelt von dem Wissen, wie man diesen Sex erreicht, ohne sich auf Spielarten und Techniken festzulegen oder auch nur alle davon zu mögen.

Dieses Buch handelt von Freundschaft. Von Freundschaften, die durch die intensivsten Erfahrungen begründet werden können, die Menschen binden. Die dann darüber hinauswachsen und das Leben prägen können. Es versteht sich nicht als Brevier für diejenigen, denen Loyalität fremd ist, und die ihren allenfalls mühsam unter Kontrolle gehaltenen Charakter zu schärfen kaum imstande sind. Es geht auch nicht um all die Ränke und gerissenen Züge, zu denen je nach Seite eine Teilnahme von armen Seelen als Freundschaftsdienst oder von betroffenen Überraschten als Verrat gewertet werden kann.

Und dieses Buch handelt von etwas insgesamt Ruhigem, Allmählichen, was nur von Menschen, die den raschen Absatz von Zeilen ihren Beruf nennen, in große Lettern und schreiende bunte Bilder übersetzt wird. Dieses Buch ist kein Sensationsbuch. Sie werden es lesen können, ohne dass es Ihnen Anspannung abfordert, mit der Sie dann allein gelassen bleiben. Sie werden unterhalten werden durch Freude und nicht durch schrillende Worte.

Dieses Buch handelt vom Lebensstil des Swingens. Von der Schönheit und gleichzeitig Einfachheit einer gelebten Freiheit, die auszuüben derart naheliegt, dass es die meisten Unverzagten, die sich ihm nähern, nicht glauben möchten. Es handelt von Freiheit ohne vorherige Befreiung. Es ist die Rede von Verstehen ohne die Anstrengung mühsamer Toleranz. Es geht um Tatsachen und nicht um Glauben. Es geht um Bewährtes und nicht um riskantes Probieren. Es geht nicht um den einsamen Wanderer auf der langen Suche, sondern um die friedliche Feier in einer großen friedlichen Gemeinschaft.

Der einzige fundamentale Widerstreit besteht zu den Gegnern der offenen Gesellschaft, die auch in das Private eindringen. Am Anfang, genau hier, soll dies noch in sehr weiten Worten beschrieben werden. Die Aussage wird noch geschärft werden.

Die Richtung, in die meine Worte gehen werden, sind folgende. Der Lebensstil des Swingens bietet eine Rückversicherung und schafft in mancher, wenn auch freilich nicht jeder Hinsicht Stärke. Er passt den Machtmenschen nicht. Diejenigen, die Gefühlskälte schaffen, um dann in die Lücke einzudringen, die der Mangel an Wärme bewirkt, um ihres Vorteils willen, bekämpfen ihn. Den Menschen, die mit religiöser oder sexueller Unterdrückung Vermögen abschöpfen, oder die über eine Ordnung des Privaten anderer Menschen Macht auszuüben verstehen, verteufeln ihn, um von ihrer eigenen Teufelsfratze abzulenken. Das Tückische für diese Gegner der offenen Gesellschaft ist, dass in der Welt des Swingens auch Menschen zurechtkommen, die nichts als gefallen möchten.

In diesem Sinne wünsche ich Ihnen viel Freude bei der Lektüre.

Teil 1
Weshalb Menschen ihrem sexuellen Glück im Wege stehen

Kapitel 1 - Moral und Recht vor nicht allzu langer Zeit

In vielen Texten, vor allem über die Antike, wird von eimem Umgang mit der eigenen Sexualität gesprochen, der mit einer gewissen gesellschaftlichen Breitenwirkung vom heute üblichen Konstrukt der so genannten seriellen Monogamie abwich. Und es gibt es seit jeher vereinzelt, und dann in verschiedenen Formen, solche Durchbrechungen. Historische Darstellungen hierzu sind in Standardwerken etwa von Michel Foucault, Judith Butler und Franz X. Eder enthalten, und sie könnten hier allenfalls in Form einer Zusammenfassung des Inhalts übernommen werden.

Aber hier beginnen wir mit einem amüsanten Bericht von der wahrscheinlich ersten Berliner Swinger-Location, zu der allerdings nur Angehörige des preußischen Adels Zugang hatten. Das Jagdschloss Grunewald am Rande des gleichnamigen Berliner Waldes, neben dem sich heute eine verdichtete Hundeauslaufwiese mitsamt Schwimmsee für Hunde befindet, besaß die Funktion einer Lust-Oase für hochgestellte adlige Paare, was anlässlich einer Party im Januar 1891 ruchbar wurde, wonach die teilnehmenden Menschen und unbeteiligte Personen hunderte Schmähbriefe mit Einzelheiten des Geschehens erhielten. Diese Ereignisse führten – nach dem Namen eines Teilnehmers – zur sogenannten Kotze-Affäre, in deren Rahmen zwei Duelle mit Todesfolge abgehalten worden sind. *Hierzu hatte Hans Louis Karl Leberecht von Kotze zwei andere Teilnehmer herausgefordert. Sie hatten ihn, wohl zu Unrecht, verdächtigt, die Briefe verfasst zu haben. Als die inzwischen befasste und sogar verdeckt ermittelnde Polizei ihm aber nichts Derartiges nachweisen konnte, ließ man ihn nach zwei Tagen Untersuchungshaft frei und stellte das Verfahren ein. Was wirklich geschah, wird von den Historikern Tobias C. Bringmann und John C. G. Röhl jeweils unterschiedlich bewertet. Es wird vermutet, dass in Wirklichkeit entweder ein bestimmter Teilnehmer (Ernst Günther von Schleswig-Holstein), eine bestimmte Teilnehmerin (Victoria Elisabeth Augusta Charlotte von Preußen) oder beide gemeinsam die Briefe verfasst hatten. Motiv der Charlotte von Preußen, der Schwester des Kaisers, könnte gewesen sein, dass sie auf eine Charlotte von der Decken eifersüchtig war. Von der Decken entstammte dem niederen Adel, ist durch ihre Hochzeit mit dem homosexuellen Grafen Friedrich von Hohenau sozial aufgestiegen, hatte dann Zugang zum preußischen Hof und hatte dort zumindest den Gerüchten nach Sex mit vielen hochgestellten Männern und wurde von ihnen bewundert. Auf ihrer „Fucklist" standen angeblich nicht nur der Sohn des Reichskanzlers Bismarck sowie der spätere Reichskanzler Max von Baden, sondern sogar Kaiser Wilhelm II. selbst. Beliebt machte man sich bei den anderen Damen am Hofe damit als Aufsteigerin nicht. Die hochwohlgeborenen Frauen hatten nämlich auch ihrerseits den Ehrgeiz, sinnbildlich die meisten Kerben an ihren jeweiligen Bettpfosten eingeritzt zu haben. Wer auch immer die Indiskretionen ausgelöst hatte – alle von damals bis heute*

4

Verdächtigten pflegten innerhalb ihrer Kreise einen sexuell von jeder Monogamie abgekoppelten Lebensstil.

Fragen, die Sie sich stellen können:

1. Verwundert Sie es, dass Adelige im 19. Jahrhundert in Deutschland Sex miteinander hatten?

2. Welche Vorstellungen hatten Sie bisher von der Moral und den Sitten des Adels?

Dieser Lebensstil war aber den entsprechenden Kreisen vorbehalten und sollte im gemeinen Volk nicht bekannt werden. Insgesamt blieb sich bis in die zweite Hälfte des 20. Jahrhunderts zumindest im deutschsprachigen Europa eine biedere, monogame Sexualmoral die Norm, die staatlich auch durch entsprechende Straftatbestände flankiert war. Bis in die frühen 1970er Jahre hinein existierten Rechtsnormen wie der Tatbestand der Kuppelei, der Eltern mit Gefängnis bedrohte, die es zuließen, dass ihr volljähriges Kind mit einem ebenso volljährigen Verlobten in der elterlichen Wohnung Sex hatte. Sollten die Kinder sich über ein Verbot der Eltern hinwegsetzen, seien die Eltern, so einige Strafgerichte, gezwungen, die Polizei gegen ihre eigenen Kinder einzuschalten und ihre eigenen Kinder zudem mit einer Räumungsklage zu bedenken. Der uneheliche Sex des Kindes selbst war allerdings nicht strafbar. Ebenso straflos wäre es gewesen, wenn die Verlobte sich als Prostituierte betätigt und ihr Verlobter sie für eine sexuelle Dienstleistung bezahlt hätte.

In gleicher Weise war es für lange Zeit praktisch unmöglich, als nicht verheiratetes Paar eine gemeinsame Wohnung zu beziehen. Denn der Vermieter hätte sich strafbar gemacht, und zwar auch im Falle bedingt vorsätzlichen Handelns – dieser lag bereits vor, wenn jemand den Geschlechtsverkehr Unverheirateter in den eigenen vier Wänden billigend in Kauf nahm. Solche Regelungen mögen einen Grund dafür dargestellt haben, dass in konservativen Kreisen bis in die 1980er Jahre hinein gewisse Vorbehalte gegenüber studentischen Wohngemeinschaften bestanden hatten.

Die Rigidität, die viele heute lebende und heute ältere Menschen in ihrer prägenden Kindheit erfahren haben, ist etwa in der amtlichen Begründung eines Entwurfs der deutschen Bundesregierung aus dem Oktober des Jahres 1962 spürbar. Die sogenannte Kuppelei sollte nach dem niemals zum Gesetz gereiften Entwurf sogar unter Strafe gestellt werden, wenn eine Ehefrau es in irgendeiner Weise förderte, dass ihr Ehemann unehelichen Geschlechtsverkehr hatte, was nach damals geltendem Recht in diskriminierender Weise nur im umgekehrten Fall unter Strafe gestellt war. Die Begründung[1] deutet an, dass bereits eine zaghaft wachsende Swingerszene gab, so dass nach Auffassung der Entwurfsverfasser der Ehemann in den „Schutzbereich" des Strafrechts einzubeziehen und vor seiner kuppelnden Ehefrau zu schützen war:

„Diese Erweiterung beruht auf Erfahrungen der gerichtlichen Praxis aus jüngerer Vergangenheit. Sie zeigen, daß bei sexuellen Ausschreitungen der Austausch der Geschlechtspartner unter Ehepaaren im Zunehmen begriffen

ist. Vorgänge dieser Art sind in besonderem Maße verwerflich und, wenn sie gehäuft vorkommen, geeignet, nicht nur die einzelne betroffene Ehe zu zerstören, sondern auch Ehe und Familie als Grundlagen der Gesellschaftsordnung im ganzen zu gefährden. In Fällen dieser Art wird es angesichts der veränderten Stellung der Frau meist auch als ungerecht empfunden, wenn nur der Ehemann strafrechtlich zur Verantwortung gezogen werden kann. Um dieser gefährlichen Verfallserscheinung entgegenzutreten, ist die Erstreckung des Tatbestandes auf beide Ehegatten kriminalpolitisch geboten und bei der veränderten Stellung von Mann und Frau in der Ehe soziologisch auch begründet."

An anderer Stelle der Begründung wurde in einer Sprache, die noch aufgeregter erscheint, ausgeführt, weshalb sich der Staat überhaupt in Angelegenheiten nicht öffentlich und zugleich einvernehmlich handelnder Erwachsener mit Strafdrohungen einmischen sollte:[2]

„Zwar dienen die strafrechtlichen Normen weitaus überwiegend dem Rechtsgüterschutz; das schließt aber nicht aus, bestimmte Fälle ethisch besonders verwerflichen und nach der allgemeinen Überzeugung schändlichen Verhaltens auch dann mit Strafe zu bedrohen, wenn durch die einzelne Tat kein unmittelbar bestimmbares Rechtsgut verletzt wird. Das muß vor allem gelten, wenn solches Verhalten seiner Natur nach die Tendenz in sich trägt, auf Dritte überzugreifen und damit die Anfälligkeit dafür im Volke auszubreiten."

Letztendlich widersprechen sich dann aber die Verfasser, wenn sie ausführen, dass durch die Strafnormen zur Sittlichkeit letztendlich eine Freiheit der Bevölkerung vor getrübtem Empfinden und Verwirrung sichergestellt werden solle, denn bei der Abwägung, was in dieser Hinsicht unter Strafe zu stellen sei, müsse sich der Gesetzgeber:

„[...] *mehr noch als auf irgendeinem anderen Gebiet die sittlichen Grundanschauungen des Volkes berücksichtigen und sich darüber klar sein, daß jeder Fehlgriff geeignet ist, zwischen der allgemeinen Überzeugung und dem Gesetz eine Kluft aufzureißen und das sittliche Empfinden des Volkes zu trüben und zu verwirren.*"

Und, um keine Verwirrung zu stiften, belehren die Verfasser auch darüber, was sie unter einer Frau verstehen, wenn sie sie erwähnen:

„*In mehreren Vorschriften des Titels wird als geschützt eine ‚Frau' bezeichnet. Darunter ist nach dem Sprachgebrauch des Entwurfs in Übereinstimmung mit dem geltenden Recht [...] nicht nur eine verheiratete Frau zu verstehen, sondern jeder Mensch weiblichen Geschlechts ohne Rücksicht auf sein Lebensalter.*"

In ihrem Bemühen, Fehlgriffe zu vermeiden, Klüfte zu überwinden und Trübsal und Verwirrung zu bekämpfen, schlugen die Verfasser auch vor, die Herstellung und den Handel mit Sexspielzeug jeder Art und auch sogar deren Einfuhr oder Ausfuhr zu untersagen, denn:[3]

„*Solche Mittel bedrohen ohne Ausnahme die sittliche Haltung des Volkes aufs schwerste; sie werden in aller Regel nur aus*

Gewinnsucht oder anderen verwerflichen Motiven hergestellt und vertrieben."

Dieser Text stammt aus den Wirtschaftswunderjahren. Dass in dieser Zeit die Absicht an sich, Gewinne dadurch zu erzielen, dass Gebrauchsgegenstände hergestellt und vertrieben werden, als verwerflich bezeichnet wird, erstaunt umso mehr. Zugleich gestehen die Verfasser eine sehr vertiefte Kenntnis von Sexspielzeugen ein, wenn sie zu wissen meinen, dass „solche Mittel" sogar „ohne Ausnahme" und „aufs schwerste" bedrohlich sind.

Die Begründung zum Entwurf ist insgesamt äußerst reich an übergriffigen Ausführungen zur Sicherstellung einer sexuellen und sittlichen Beglückung des Volkes, und es können nicht alle diese kraft- und gefühlvollen und zugleich an wirklicher Begründung armen Gedanken wiedergegeben werden, die man dort auch seitenweise zur Homosexualität wiederfindet. Noch heute erheblich ist, dass die im Entwurf zum Tragen kommende Grundhaltung vor nur sechzig Jahren, also in unserer Eltern- oder Großelterngeneration, offenbar derart weit verbreitet war, dass sie sogar einem amtlichen Reformvorhaben wesentlich zu Grunde liegen konnte. Ein deutschstämmiger Ministerialrat aus dem schwedischen Justizministerium erkannte acht Jahre nach Vorlage des Entwurfs die *„häufige Identifizierung von herrschender Volksmeinung und kleinbürgerlicher Vorstellungswelt".*[4] Die tiefe Verwurzelung entsprechender Glaubenssätze im damals weit verbreiteten Denken wird allerdings anhand der Tatsache anschaulich, dass die entsprechenden seitenlangen Passagen des Entwurfs das Ergebnis des Werkes von durchaus als intellektuell anzusehenden Mitgliedern verschiedener eigens gegründeter Kommissionen waren. Sie werden keine Texte verabschiedet haben, die damaligen hohen Ansprüchen nicht entsprachen. Die geistige Leere ihrer Begründung hatten sie entweder nicht erkannt, oder sie ist nicht beanstandet worden. Es handelte sich aus Sicht der Verfasser, wie ihre Sprache verrät, offenbar um Selbstverständlichkeiten.

Und so müssen sich noch heute Swinger an den Gedanken gewöhnen, dass nach wie vor viele Menschen durch ein solches Denken geprägt worden sind und das Swingen vielleicht nicht mehr als straf-, aber aus ähnlichen Motiven wie damals als verachtungswürdig ansehen. Wenn die „68er Generation", also die Menschen, die im Zeitraum des Umbruchs zwischen 1967 und 1969 Jugendliche oder Studenten waren, Sprüche entwickelte wie denjenigen, dass bereits zum Establishment gehöre, wer zweimal „mit demselben pennt", war dies vor diesem Hintergrund eher als politisches Statement zu sehen. Zusammen mit der Haltung, dass das Private politisch sei, handelte es sich bei solchen Aussagen keinesfalls automatisch um eine Darstellung des persönlich bevorzugten sexuellen Lebensstils. Vielmehr verwahrte man sich gegen eine weitere Einmischung von Staat und Gesellschaft in die persönliche Sphäre, die aus heutiger Warte mehr als übergriffig erscheint. Die Abtreibungsdiskussion in ihrer damaligen Ausprägung, in der Frauen plakativ und aus gegnerischer Sicht unzulässig verkürzend geltend machten, ihr Körper gehöre ihnen, ist auch vor diesem Hintergrund zu sehen gewesen.

Fragen, die Sie sich stellen können:

1. Erinnern Sie sich an Menschen, die Ihnen vielleicht nahestehen oder nahestanden, und die Ihnen ähnliche moralische Vorstellungen als zwingend nahe gebracht haben?

2. Wie schlüssig und logisch finden Sie die Argumentation der damaligen Vertreter einer sexualskeptischen Moral?

3. Haben diese Vorstellungen einen Einfluss auf Sie persönlich?

4. Wie konnte es den Vertreterinnen und Vertretern dieser Moral gelingen, Einfluss auf das Gewissen von Menschen zu nehmen?

5. Auf welchen unausgesprochenen Grundannahmen beruht Ihrer Meinung nach die moralische Sicht aus dem Gesetzentwurf von 1962?

6. Was glauben Sie, weshalb die Verfasser des Entwurfs von 1962 ihre moralische Sicht gesetzlich zwingend für alle Menschen verankern wollten?

7. Sind Sie der Auffassung, dass die Rebellion der „1968er" Generation wirklich geeignet war, damaligen Moralvorstellungen etwas entgegenzusetzen?

Kapitel 2 – Monogamie als früher notwendige Ordnung

Doch was war es, was die Gesellschaft ursprünglich antrieb, mit nicht nur moralischen, sondern auch mit rechtlichen Mitteln, die bis zum Einsperren von Menschen reichten, eine monogame Ordnung mit gewissen institutionellen Auslassventilen, vor allem der Prostitution, durchzusetzen?

Diese Regeln sind nicht mit bösartiger Absicht gesetzt worden, sondern in dem Bestreben entstanden, die Gesellschaft friedlich zu ordnen. In der Fläche waren sie aus den Gründen, die sogleich dargestellt werden, erforderlich. In Ausnahmefällen galt dies nicht, etwa beim hohen Adel, der andere und ihm vorbehaltene Mechanismen zur Regelung von Familienbeziehungen hatte, die mangels wirtschaftlicher Ressourcen der breiten Bevölkerung nicht zugänglich waren.

Die Ausgangsbedingungen waren vor der industriellen Revolution und graduell bis in die 1960er Jahre unter anderem:

- Eine Schwangerschaft bedeutete stets Lebensgefahr.

- Es gab keine wirklich zuverlässigen Verhütungsmethoden; jeder Geschlechtskontakt konnte daher zu einer Schwangerschaft führen.

- Der Vater war immer unsicher zu bestimmen; ein lateinischer Rechtssatz mit dieser Bedeutung lautet: pater semper incertas.

- Der Hauptanteil der zu verrichtenden Arbeit war manuell und dabei oft schwer. Schwangere Frauen waren daher während eines beträchtlichen Zeitraums in beschränktem Maße oder völlig arbeitsunfähig.

- Ressourcen zum Überleben waren sehr oft knapp, vor allem, wenn man die Periodizität der regelmäßig sieben Jahre dauernden der Wirtschaftszyklen nicht berücksichtigte oder berücksichtigen konnte (was nach der Torah in Ägypten aber der Fall war, weshalb das Land im Gegensatz zu den Nachbarländern ausreichende Reserven für Dürrezeiten hatte).

- Mangels Sozialversicherungssystemen – diese hätten sich bis zum industriellen Zeitalter gar nicht organisieren lassen – mussten Familien für den sozialen Ausgleich in den Wechselfällen des Lebens sorgen, weshalb ein Interesse daran bestand, dass sie möglichst groß und divers sind, also im Sinne einer Risikoverteilung und -streuung.

Speziell für die Sexualität bedeutete dies, und war auch allen einleuchtend:

Jeder Geschlechtskontakt war für Frauen risikobehaftet.

Für schwangere Frauen musste eine Versorgungslösung gegeben sein. Da eine andere Frau ebenfalls schwanger werden konnte, schied sie als sichere Versorgerin aus. Es blieben nur die Männer für diese Rolle übrig. Daher musste einer Frau, bevor sie schwanger wurde, mindestens ein Mann zugeordnet sein, der diese Versorgungsverpflichtung erfüllt.

Männer waren zugleich verpflichtet, ihre Frauen zu schwängern. Sie durften sich dem nicht entziehen, weil nur so bei fruchtbaren Paaren sichergestellt war, dass beide Partner Kinder als spätere Versorger erhielten. Daher waren Homosexualität und Onanie geächtet. Die einzige moralisch annehmbare Weise für einen Mann, geschlechtlich befriedigt zu werden, war der Geschlechtsverkehr mit seiner Frau.

Da die Versorgung der Schwangeren und dann späteren Mutter und auch der Kinder eine erhebliche Investition für die Männer bedeuteten, waren „Kuckuckskinder" ein Risiko. Die Frau durfte daher nur mit ihrem Mann geschlechtlich verkehren; das umfassende Versorgungsversprechen war das Gegenstück dazu. Wurde eine Frau Witwe oder geschieden, sofern eine Scheidung zulässig war, war eine „serielle Monogamie" nicht nur erlaubt, sondern auch erwünscht.

Diese Regeln galten aus diesen Gründen lange Zeit als derart offensichtlich erforderlich, dass ihre Existenz und ihre Berechtigung nicht ernsthaft in Frage gestellt worden waren. Die Handlungsgebote haben dann allmählich begonnen, sich von ihrem Ursprung zu lösen. Heute fallen sie aus der Zeit. Es gibt eine umfassende medizinische Versorgung, zuverlässige Verhütungsmittel und ein Sozialversicherungssystem. Schwangere sind meistens auch nicht mehr völlig arbeitsunfähig und ansonsten aber gegen Risiken versichert.

Aus rein wirtschaftlicher Sicht kann es einem Mann, der mit einer Frau einmal Verkehr hatte, daher heutzutage gleichgültig sein, von welchem Mann sie genau schwanger ist. Vaterschaften lassen sich auch anhand genetischer Diagnostik nahezu sicher bestimmen.

Der beschriebene monogame Ordnungsrahmen erfüllt also heutzutage zumindest in sexueller Hinsicht keine Funktion mehr. In anderer Hinsicht ergeben Partnerschaften noch einen Sinn, und das erachten die meisten Menschen auch heute als selbstverständlich. Als Lebens- und damit auch Sorge-, Schicksals- und Erlebnisgemeinschaft ist die Partnerschaft zu zweit nach wie vor, auch bei Swingern, die bevorzugte Lebensform. Sie ist auch die herkömmliche Basis für eine Familie mit Kindern.

Fragen, die Sie sich stellen können:

1. Halten Sie den vorherrschenden monogamen Ordnungsrahmen trotz des Wegfalls der Gründe, die zu seiner Entstehung führten, noch für besser?

2. Glauben Sie, dass der Wunsch nach einer erfüllten Partnerschaft eine zwingende Erwartungshaltung an Partner nach sich zieht, sich monogam zu verhalten?

3. Sind Sie bereit, Ihre Vorstellungen gegebenenfalls dennoch ergebnisoffen zu hinterfragen? (Dann lesen Sie weiter.)

Kapitel 3 - Sexuelle Exklusivität als emotionaler Überbau

Hier schließt sich der Kreis zum ersten Kapitel. Dass sexuelle Exklusivität gegenüber einem Partner einmal eine notwendige gesellschaftliche Norm dargestellt hatte, führt auch heute noch dazu, dass in weiten Teilen der Bevölkerung Europas die Ansicht vorherrscht, sie sei ein nicht wegzudenkender Teil einer funktionierenden Partnerschaft. Entdecken Menschen, dass sie diese Verknüpfung weder herstellen müssen noch dies überhaupt möchten, irritiert und verwirrt sie dies zunächst. Der Partner, der sich sexuell auf andere eingelassen hatte, kann es in erster Spontaneität, wie in dem Beispiel dargestellt, sogar als Affront empfinden, wenn der andere Partner verdeutlicht, dass er zwar die Partnerschaft fortführen möchte, aber auf sexuelle Exklusivität keinen besonderen Wert legt.

Für diese Exklusivität gibt es keine rationale Erklärung. Wie so oft, wenn der Verstand eine gesellschaftliche Regel nicht erklären kann, werden rein emotionale Argumente oder naturalistische Unterstellungen als Hintergrund der Regel herangezogen.

Ein emotionales Argument der einfachsten Art ist, dass es sich bei Einhaltung der Regel eben richtig anfühle. Da die Behauptung, eine Regel gelte, weil sie richtig sei, verstandesmäßig nicht verfangen kann, wird das entsprechende Fühlen als Grundlage der Geltung herangezogen. Als naturalistische Unterstellung sind die verschiedensten Spielarten der Aussage gemeint, der Mensch sei eben von Natur aus so oder anders. Manchmal werden hierfür Entsprechungen aus der Tierwelt oder Behauptungen darüber herangezogen, wie das Leben vor Jahrtausenden abgelaufen sei, und zwar in angeblich ursprünglichen und damit auch vorgeblich wahrhaftigeren Gesellschaften als der heutigen.

Bei derartigen Argumentationsmustern sollte man stets hellhörig werden. Extremistische, unfreie und menschenverachtende Ideologien bedienen sich dieser Gleichnisse zur Begründung von Maßnahmen, die dann der Unterdrückung von Menschen dienen. Rassismus, Blut-und-Boden-Lehren und sektiererische Religionsgruppen lassen ihre nicht begründbaren Forderungen auf diese Weise propagieren und erklären sie als verbindlich für alle Menschen. Keine Politikerin einer gemäßigten demokratischen Partei und kein Richter, der seinen Beruf ernst nimmt, wird Eingriffe in Freiheiten anderer Menschen damit rechtfertigen, dass eine Regel bei Hunden oder Affen funktioniere, oder dass er oder sie einfach fühle, dass es so richtig sei. Ideologen machen so etwas.

Trotz aller öffentlich demonstrierten Offenheit nimmt die Prüderie nach vielfacher Auffassung eher zu als ab. Angeblich soll nach verbreiteter Meinung die Veröffentlichung des Buches „Fifty Shades of Grey" viele Tabus gebrochen haben. Dieses Buch hat allerdings mit BDSM in etwa so viel gemeinsam wie Florian Silbereisen mit Ludwig van

Beethoven, und da zum Schluss ja unter dem angeblichen BDSM gelitten wird, ist am Ende doch wieder alles in der guten, alten Welt angekommen.

In dem gleichen Sinne äußerte sich, um nur ein Beispiel zu nennen, eine Soziologin im deutschen Nachrichtenmagazin „Der Spiegel" mit den Worten:[5] *„Auch wenn wir unsere Gesellschaft gern als sexuell aufgeschlossen betrachten, sind wir in mancherlei Hinsicht durchaus prüder als in den Siebzigerjahren."*

Die vordergründig toleranten und in ihrer damit kontrastierenden Überzeugung verengt denkenden gesellschaftstragenden Bürger besitzen nach wie vor eine große Deutungshoheit. Dies hat sich auch noch im Jahr 2022 in einem Beschluss des deutschen Bundesverwaltungsgerichts in der Disziplinarsache einer hochrangigen Soldatin niedergeschlagen.[6] Die Entscheidung betraf ein Tinder-Profil, in dem die Soldatin ohne jeden erkennbaren Bezug zur Bundeswehr mit dem Text auftrat: *„Spontan, lustvoll, trans*, offene Beziehung auf der Suche nach Sex. All genders welcome."* Das Gericht befand, dass die Soldatin Sex haben dürfe, mit wem sie wolle, und auch öffentlich damit auftreten könne. Die Wortwahl im Profiltext würde aber den *„falschen Eindruck eines wahllosen Sexuallebens und eines erheblichen Mangels an charakterlicher Integrität erwecken"*.

Inwiefern die gewählten Worte diesen Mangel an Integrität verraten sollen, legte das Gericht freilich nicht offen. Das Urteil stieß dementsprechend in der deutschen Presse auf massive Kritik.[7] Es fand aber auch Zuspruch, und zwar mit der sinngemäßen Begründung, wer anderer Auffassung sei, begreife offenbar nicht, wie die Bundeswehr funktioniere. Truppendienstgerichte würden sich immerhin einen ganzen Tag lang mit Fällen befassen, was wohl bedeuten soll, dass sie dann auch Recht haben. Angeführt wurde, wie herausgehoben die Stellung einer Bataillonskommandeurin sei. Der gewählte Profiltext erschüttere eben Vertrauen. Und ein wenig irren darf man offensichtlich ja mal, da die Disziplinarsanktion ja auch fast folgenlos bleibe.[8] Es gibt eben, wie man an solchen Argumenten sieht, sogar Juristen, die nicht auf die normative Kraft des Gesetzlichen, sondern eher des angeblichen und nie bewiesenen Faktischen vertrauen, sobald es um Sexuelles geht.

Noch heute lassen sich also erfahrene Juristinnen und Juristen dazu hinreißen, unter Hintanstellung jeder rechtswissenschaftlichen Methodik Grundrechte einzuschränken mit der Begründung, dass einige nicht einmal konkret benannte Menschen glauben könnten, dass Grundrechtsträger diese Grundrechte eben nicht wahrnehmen sollten. Denn dass es sich bei der gezeigten Offenheit um eine Grundrechtsausübung handelt, wird nicht bestritten. Man darf dieses Recht also ausüben, habe es aber bitte heimlich zu tun, weil nicht näher benennbare Menschen sich ansonsten auf nicht nähere Weise gestört fühlen könnten.

Es wird also vorauseilender Gehorsam gegenüber fiktiven Personen verlangt. Nur gegenüber Menschen, die diese Angsthaltung zeigen und ihr rechtmäßiges Verhalten vorsorglich verbergen, bestehe umfassendes „Vertrauen". Gefordert wird dies sogar von einer Soldatin, zu deren

Tugenden doch eigentlich Mut und Tapferkeit zählen. Mutlos hat sie sich einem Klima der Angst zu beugen, und zwar keinesfalls wegen eines hypothetischen bewaffneten Angriffs, sondern wegen einer Moral von 1962, der ja irgendwer noch anhängen könnte. Soldatinnen sollen Angst zu haben vor einem nicht einmal konkret belegten Spott, der, würde er ausgesprochen werden, auch verfassungswidrig wäre, weil er ja eine Grundrechtsausübung herabwürdigen würde.

Sobald es also um Sexuelles geht, gilt der Grundsatz nicht mehr, dass Soldaten und auch Richter die Verfassung und ihre Werte schützen und verteidigen sollen, und dass gerichtliche Entscheidungen auf tatsächlichen Feststellungen beruhen müssen. Wer im Öffentlichen die Dogmen der Monogamen antastet, muss sich folglich auch gegenwärtig darauf gefasst machen, massiven Angriffen auf die Person ausgesetzt zu sein. Die Angreifer werden nicht einmal unter Rechtfertigungszwang gesetzt.

Fragen, die Sie sich stellen können:

1. Vertrauen Sie bei allen Entscheidungen darüber, ob etwas richtig oder falsch ist, allein Ihrem Gefühl?

2. Können Sie sich emotional irren?

3. Sehen Sie Ihr eigenes und persönliches Gefühl als ein für andere Menschen maßgebliches oder sogar verbindliches Leitbild an?

Kapitel 4 – Beleidigungen im Kampf für gestern

Weil die Verfechter eines universal gültigen Monogamiegebots ahnen, dass ihre Regeln nicht rechtfertigt werden können, fügen sie ihrer unzureichend mit Logik hinterlegten Schelte regelmäßig einen Zusatz wie „für mich" an. Auf diese Weise wird zum Beispiel der Satz „Für mich fühlt sich das nur so richtig an" konstruiert. Und nun geraten sie an das nächste argumentative Problem. Sie ahnen, dass eine nur auf sie selbst und ihr Verhalten bezogene Aussage für Zuhörende bestenfalls zur Kenntnisnahme taugt und schlimmstenfalls völlig unerheblich ist.

Besonders deutlich ist dies in Internetforen, wo die Aussage, das eigene Verhalten sei erwünscht, eine deutliche Nullrelevanz aufweist. Erst Recht wird dies deutlich, wenn Pseudonyme verwendet werden. Dass „Süssemaus2021" nur mit ihrem Mann schläft, weil sie das für sich als richtig empfindet, ist eine völlig verzichtbare Nachricht.

Nicht immer lassen es diskutierende Personen, online oder offline, dabei bewenden, mit Ich-Botschaften das eigene Verhalten als überall wünschenswert darzustellen. Spüren sie die eigene Unerheblichkeit, setzen sie den Diskurs mit Angriffen fort. Die typischen Angriffe, mit denen sich früher oder später jede Swingerin und jeder Swinger konfrontiert sehen wird, gestalten sich je nach dem Geschlecht der angegriffenen Person anders. Sie docken an Vorstellungen zu Geschlechterrollen an, die zumindest nicht dem Erleben der meisten Swinger entsprechen. Beleidigungen lauten zum Beispiel:

- **„Du siehst doch Frauen nur als Ware.“** - Es ist ein absurder Vorwurf, der zum einen nicht der überwiegend frauenzentrierten Ausrichtung der Swingerszene entspricht – hierauf wird im zweiten Band noch eingegangen. Zum anderen verrät er ein unabsichtlich ausgesprochenes Verständnis von Sexualität, das an sich zutiefst frauenverachtend ist. Denn was ist eine Ware? Eine Ware ist ein beweglicher Gegenstand, der einer Verfügungsgewalt unterliegt, die im Rahmen einer Handelsaktivität von einem Marktteilnehmer an einen anderen übergeht. Es ist außerhalb der Sklaverei nicht möglich, Menschen als Ware zu behandeln. Die Kritik behauptet nun, Sex mit einer Frau verschaffe dem Mann eine Verfügungsgewalt über den Körper der Frau, die eben nach dem Akt auf einen weiteren Einzelrechtsnachfolger übergehen könne. Die Rolle der Frau beim Sex mit einem Mann beschränkt sich nach dieser Vorstellung also darauf, kontrolliert und benutzt zu werden. Nicht darauf bezieht sich die Kritik, sondern auf die vermeintliche Weitergabe der Frau an einen anderen Mann. Daraus, dass diese Vorstellung von Rollen gar nicht erst erläutert oder ausgesprochen wird, folgt zwingend, dass die äußernde Person dieses Verständnis von der Rolle der Frau bei der Sexualität für derart selbstverständlich oder offenkundig hält, dass sie sie nicht einmal für erwähnenswert hält. Es sind nicht nur Männer, die diesen Satz sagen.

- *„Was bist Du denn für einer, wenn Du zulässt, dass Deine Frau das macht."* - Diese Variante der versuchten Beleidigung ist etwas harmloser als die vorstehend besprochene. Ihre Zielrichtung geht dahin, den Wert eines Mannes als davon abhängig zu beschreiben, wie seine Partnerin ihr Geschlechtsleben ausgestaltet. Übergriffig ist die Bemerkung insofern, als sie wertend auf eine Vielfalt geschlechtlicher Beziehungen einer Frau eingeht, was auf den Wert ihres Partners abfärbe. Weshalb es für einen Mann vorteilhaft sein soll, wenn seine Frau die Zahl ihrer Geschlechtspartner reduziert, verrät die Äußerung nicht. Oftmals werden die Personen, die sich so äußern, auch keinen Grund benennen können.

- *„Du musst ja einen ganz schön mickrigen Schwanz haben, wenn Deine Frau zu anderen gehen muss."* - Diese Äußerung reduziert die sexuellen Bedürfnisse einer Frau darauf, dass sie von einem Penis mit einer bestimmten Mindestgröße penetriert wird. Die Absurdität dieser Annahme muss, dies ist die Hoffnung des Autors dieser Zeilen, nicht erläutert werden.

- *„Du willst doch einfach ficken."* - Dieser Satz hat etwas Rätselhaftes an sich. Er gleicht dem an einen Restaurantbesucher gerichteten Vorwurf, er wolle doch einfach essen. Damit die Beleidigung greifen kann, müsste es etwas Negatives darstellen, „einfach ficken" zu wollen. Hier ist leider überhaupt nicht ersichtlich, weshalb dies der Fall sein sollte.

- **„Da ist mir zu wenig Herz bei."** - Dieser Beleidigungsversuch, typischerweise als eigenes Empfinden gekennzeichnet, allerdings generalisierend gemeint, ist noch harmloser. Es wird ohne jede weitere Begründung eine ausreichend große persönliche emotionale Verbundenheit zur Bedingung von Sexualität erhoben. Dies verkehrt die Abläufe gleichsam in ihr Gegenteil: Verbundenheit entsteht durch den Geschlechtsakt, nicht der Geschlechtsakt aus der Verbundenheit heraus.

- **„Wenn du sie wirklich liebst, siehst du nur sie."** - Das Übergriffige an dieser Aussage besteht eher weniger wegen der vordergründigen Aussage, das eigene Verhältnis zur Partnerin sei nicht „wirklich" von Liebe geprägt. Dies ist bereits eine kühne Diagnose, da sich das Vorhandensein von Liebe zwischen zwei Menschen in Form einer starken emotionalen Verbundenheit zwar empirisch in körperlichen Untersuchungen feststellen lässt, nicht allerdings, ob es sich dabei um eine „wahre Liebe" handelt.

- **„Ich könnte das nicht"** und **„Wir Frauen sind da anders als ihr Männer, wir brauchen das Gefühl, die einzige zu sein."** – Diese vereinnahmenden, in Wahrheit Ich-Bezogenen Aussagen verraten von selbst, dass sie nicht geeignet sind, anderen Menschen einen Ratschlag moralischer oder seelischer Natur zu geben.

Fragen, die Sie sich stellen können:

1. Haben Sie sich selbst schon einmal auf diese Weise geäußert?

2. Halten Sie es für angemessen, anderen Menschen mit diesen Äußerungen zu begegnen?

3. Halten sie die Äußerungen für verletzend? Wären Sie bereit, sie sich anzuhören? Wie würden Sie reagieren?

4. Halten Sie die Äußerungen trotz der Gegenargumente für schlüssig oder korrekt?

Aus Sicht eines Menschen, der viele Jahrzehnte lang in offenen Beziehungen gelebt hat, stellen sich solche Äußerungen als erschreckte und damit auch unbeholfene Abgrenzung dar. Etwas erfahrenere Swinger wissen, dass diese Angriffe nicht exklusiv gegen ihre Person gerichtet sind und dass sie sie als Zeichen von Unsicherheit zu werten haben. Zugleich bringt eine Diskussion, mit der auf solche Äußerungen reagiert wird, recht wenig bis gar nichts, weil die Ansichten der sich so Äußernden derart festgefahren sind, dass sie auf diese Polemik zurückgreifen müssen. Einfordern kann man als Swinger in dieser Situation Toleranz.

Solche Vorwürfe und Beleidigungen sollen dem Zweck dienen, Menschen zu verunsichern, die mit dem Gedanken spielen, selbst eine offene Beziehung zu führen oder auch Swinger zu werden.

Der häufigste Vorwurf lautet also sinngemäß, wenn jemand „nur Sexbekanntschaft" sei, seien die Beteiligten letztendlich „Konsumgut" und „Katalogware". Und diese Einordnung wird dann in Kontrast gesetzt mit einer Art Vorstellung von einer Volksgemeinschaft der Ehrlichen, die von tiefen Emotionen geprägt seien. So lassen sich die oben einzeln aufgeführten Beleidigungen auf einen Nenner bringen.

Insgesamt schwingen in diesen Diskussionen gleich einige Grundannahmen mit, die man hinterfragen kann - und dann, wenn man eine Beziehung öffnen möchte, auch auf die Probe stellen sollte.

Dazu kann man sich einer bestimmten gedanklichen Technik bedienen: Grundannahmen kann man konsequent zu Ende denken, um sie auf Absurdität zu testen. Die Grundannahmen, ohne die all die Beleidigungen und Vorwürfe nicht zur Geltung kommen könnten, und die man derart auf die Probe stellen müsste, lauten:

• Sex sei, nur für sich selbst genommen, minderwertig. Sex sei also nur wertig, wenn er mit einem anderem Zweck gekoppelt ist.

• Richtet sich das Interesse an einem anderen Menschen hauptsächlich (erst einmal) darauf, mit diesem Menschen Sex zu haben, werde dieser Mensch nicht anders als eine Sache betrachtet. Der Mensch werde damit einem leblosen Objekt gleichgestellt.

• Sex sei mit einem Wirtschaftsgut gleichzusetzen („Gut", „Ware").

- Wer sich anderen Menschen vorstellt, um ihnen die Möglichkeit zu geben, sexuelles Interesse zu zeigen, entmenschliche sich, indem er sich als Handelsobjekt zur Verfügung stellt.

- Eine bestimmte Sexualmoral sei von allen einzuhalten, damit der gesellschaftliche Zusammenhalt nicht gefährdet wird.

- Konsum sei negativ zu bewerten.

- Gemeinsam mit anderen Menschen den eigenen Sexualtrieb auszuleben, sei „Bedürfnisbefriedigung", als solche unvermeidbar egoistisch und damit negativ zu bewerten.

- Es sei wertvoll, auf die Befriedigung von Bedürfnissen zu verzichten. Wer Bedürfnisse befriedigt, erlege sich selbst kein mögliches Leid auf und handele daher in vorwerfbarer Weise.

Es mag nun jeder und jede selbst beurteilen, ob diese Grundannahmen absurd sind.

Fragen, die Sie sich stellen können:

1. Finden Sie den Gedanken erschreckend, dass sich ein Sexpartner an Ihnen und Ihrem Körper erregt? Wie kommen Ihre Sexpartner zu einem Orgasmus?

2. Werden Sie zu einem passiven Objekt oder zu einem Opfer, wenn jemand mit Ihnen Sex hat?

3. Haben Sie ein schlechtes Gewissen, wenn Sie Sex haben, weil sie das Bedürfnis danach haben? Weshalb?

4. Haben Sie ein schlechtes Gewissen, wenn Sie anderen Bedürfnissen (Essen, Trinken, Schlafen) nachkommen?

5. Glauben Sie, dass Sex mit Ihnen etwas ist, was Sie selbst anderen gewähren, um ein Tauschgeschäft einzugehen (etwa gegen Versorgung, Nähe, Interesse anderer Menschen)? Sollte es so sein?

Denkt man die Grundannahmen entsprechend der beschriebenen gedanklichen Technik konsequent zu Ende, müsste ein moralisch einwandfreies Sexualleben wie folgt ausgestaltet sein:

Die eigene monogame Beziehung müsste möglichst asexuell ausgestaltet sein, damit eine Bedürfnisbefriedigung von vornherein ausgeschlossen ist. Die Sexualität könnte Zwecken wie dem Zeugen von Kindern dienen, aber nicht der Befriedigung eigener Bedürfnisse. Eine Paarbindung sollte auf rein geistiger Ebene angestrebt werden.

Zur allgemeinen Vermeidung von nicht für das Überleben erforderlichen Bedürfnisbefriedigungen in der Gesellschaft, die ja insgesamt negativ zu bewerten sind, sollte ein Lockdown unabhängig von jedweder Pandemie verhängt werden.

Verneint man nicht die Notwendigkeit sexueller Triebabfuhr, müsste die zwangsläufig notwendige Sexualität so ausgelebt sein, dass Menschen dabei nicht miteinander körperlichen Kontakt haben. Denn dieser körperliche Kontakt würde schließlich den jeweils anderen Menschen zum bloßen Objekt für die Triebbefriedigung herabwürdigen. Dazu ein absurder Vorschlag:

Früher gab es in Innenstädten toilettenähnliche Anlagen mit abschließbaren Kabinen, in denen man gegen Münzeinwurf Pornos schauen und sich anonym und alleine befriedigen konnte. Würde man diese Einrichtungen zur Bedürfnisbefriedigung wieder stärken und die folglich die Wiedererrichtung dieser Anlagen fördern, wäre die Gefahr, dass andere Menschen zum sexuellen Konsumgut degradiert werden, gebannt. Wer wichst, würde also in der Konsequenz die Moral und den gesellschaftlichen Zusammenhalt fördern.

Fragen, die Sie sich stellen können:

1. Wenn Sex grundsätzlich nicht selbstzweckhaft sein darf, sondern einem höheren Ziel dienen soll, müsste dann nicht Sex konsequenterweise so ausgestaltet sein, dass er keine Freude bereitet, damit das höhere Ziel in reinster Weise erreicht wird?

2. Welche Motive könnte Menschen bewegen, anderen Menschen zu verbieten, Freude zu haben?

3. Haben Sie sich schon einmal darüber geärgert, wenn andere Menschen Freude hatten? Was hat Sie dazu bewegt?

Kapitel 5 – Romantik zur Rettung von Wahrhaftigkeit?

An dieser Stelle bricht stets die Argumentation der Missionare der Monogamie also weiter in sich zusammen.

Ein Rettungsanker der Verfechterinnen und Verfechter des Konsumvorwurfs könnte nun noch eine Romantisierung der zwischenmenschlichen Beziehungen sein. Gelegentlich liest man Berichte von Frauen, die sich im Internet äußern, sie würden sich bei ihrer Selbstbefriedigung besonders romantische Situationen vorstellen. Dekorative Elemente wie Blüten, Kerzen, Kamine oder halb gefüllte Weingläser dienen in diesen angeblich erregenden Vorstellungen als Rahmen. Sie stellen also als unbelebte luststeigernde Objekte definitionsgemäß Fetische dar.

In der Hauptrolle dieser romantischen Traumschilderungen steht dann ein starker, verstehender, gut aussehender, verständnisvoller, humorvoller, gepflegter, sanft berührender Mann, dessen Beschreibung dann an den jungen Richard Gere denken lässt. Und an dieser Stelle brechen die Schilderungen in vielsagender Weise ab. Wie glaubhaft solche Behauptungen der erregenden Wirkung solcher Filmphantasien wirklich sind, und ob hier wirklich das Kaleidoskop eigener sexueller Phantasien der Erzählerinnen endet, weiß niemand.

Letztendlich könnte man diese Frauen als Mann offenbar erfolgreich verführen, indem man sie in entsprechend ausstaffierten Hotels zu einem Abendessen einlädt, mit dunkler Stimme sich in einem teuer aussehenden Anzug kleidet und dann in ein mit in gedämpften Farben gehaltenen Textil und dunklen Holzmöbeln ausgestattetes Hotelzimmer mitnimmt, wo Duftöle für eine sanfte Massage bereitstehen. Bei geschickter Buchung ist dieser Abend für maximal 200 Euro finanzierbar. Letztendlich würde sich dieser Abend bei nüchterner Betrachtung weder preislich noch optisch besonders von einem männlichen Aufenthalt in einem Edelbordell unterscheiden, wobei der entscheidende Unterschied darin liegen mag, dass die so träumenden Frauen wie selbstverständlich und auf übergriffige Weise davon ausgehen, dass ihr Dienstleister für den Abend einerseits die Kosten selbst trägt, zudem für seine Dienste nicht entlohnt wird und erstaunlicherweise auch noch für eine gemeinsame Lebensgestaltung, selbstverständlich ausschließlich für die beglückte Dame, zur Verfügung steht.

Man stelle sich diese Phantasie einmal umgekehrt vor. Ein Mann schildert, von einer jungen, hübschen gepflegten Dame, die ein teures Abendkleid trägt, auf ihre Kosten zum Abendessen eingeladen zu werden, danach ins edle Hotelzimmer mitgenommen, dort massiert und verführt zu werden, und sanft ins Ohr gehaucht zu bekommen, ab sofort gehöre sie nur ihm. Und wie selbstverständlich begleiche sie die Rechnung. Solche Abende mit der entsprechenden Rollenverteilung gibt es durchaus, bloß werden sie praktisch nur von langjährigen Partnerinnen arrangiert, die über gut sortierte Finanzen verfügen und ihrem Partner dafür dankbar sind, dass er so ist, wie er ist. Und selbst dann werden oft an der Rezeption die Augenbrauen gehoben, wenn eine Frau zum Begleichen der Rechnung ihre Kreditkarte zückt. Als Akt der Verführung an einem ersten Abend wird wohl kaum eine Frau diese Gestaltung wählen.

Derartige romantische Abende oder auch Wochenenden sind bei Swingern durchaus beliebt. Vielen kommt es dabei gar nicht auf den gemeinsamen Sex und die Verführung, sondern das gemeinsame Erleben an. Gerade für Paare mit betreuungsbedürftigen Kindern stellen solche exklusiven Auszeiten oft eine wichtige Komponente zur Paarbindung jenseits der Alltagsbewältigung dar. Anderen hingegen ist es zu langweilig, auch wenn die persönlichen Finanzen es ihnen erlauben. Sie stemmen gemeinsame Projekte wie einen Garten, den Ausbau eines Hauses oder auch die Pflege eines Bootes, sind gemeinsam in Vereinen engagiert oder ziehen sogar gemeinsam ein Unternehmen auf. Diese Aktivitäten geben ihnen das Gefühl einer Verlässlichkeit, und dass sie bei Erfolgen und Rückschlägen zusammenhalten und aufeinander achtgeben.

Diese Erfahrungen des gemeinsamen Erlebens, Fühlens und Gebundenseins sind für Paare essentiell, haben allerdings keinen unmittelbaren oder sogar notwendigen Bezug zum Sex. Blütenromantik, Möbel aus dunklem Holz und gutes Essen und erst Recht alkoholische Getränke mögen die Sinne anregen, die Wahrnehmung und das Bewusstsein öffnen und Freude verbreiten. Die bei solchen Erlebnissen ausgeschütteten Glückshormone mögen ein Gegenüber schöner erscheinen lassen und den Schoß für Erotisches öffnen, und man sollte ihren Wert schätzen und sie nicht verächtlich machen. Sie sind aber letztendlich in gleicher Weise ein gewollter, willkommener oder sogar wertvoller Manipulator für die eigene Stimmung, wie es mit etwas anderer Zielrichtung ein Pornofilm sein kann. Eine zusätzliche Wahrhaftigkeit einer Zweierbeziehung beinhalten sie nicht. Eine Beliebigkeit des Gegenübers verhindern sie nicht, sind dazu nicht einmal geeignet. Sie sind gesellschaftstauglicher und filmisch umzusetzen, ohne dass die Filmproduzenten eine Heraufstufung der Mindestaltersangabe erwarten müssten.

Und keinesfalls sind sie irgendwie unmittelbar produktiv oder sonst materiell fassbar. Als reine Vehikel zur Stimmungsveränderung schaffen sie nur eine Veränderung der Einbettung anderen Geschehens. Ebenso wenig wie ein Horrorfilm zu realen Erlebnissen schrecklichen Geschehens führt, bewirkt Romantik allein die Veränderung oder Verbesserung der realen Welt oder auch nur des Zwischenmenschlichen. Sie mag eine Bereitschaft zum Handeln bestärken, ist aber selbst ohne Inhalt. Vielleicht nimmt sie auch einfach Angst vor etwas, mit dessen Realität manche nicht zurechtkommen, weil ihnen eine Unmittelbarkeit des Erlebens abtrainiert oder niemals antrainiert wurde.

Blanker, purer Sex ist nämlich hingegen unweigerlich direkt und schonungslos materiell. Es prallen Körper aneinander. Es werden unmittelbar Nervenbahnen stimuliert, was, je nach Blickwinkel und Erleben, zu einem Kontrollverlust oder zu einer Änderung der Eigenkontrolle führt. Es gibt keinen Zustand des menschlichen Gehirns, in dem es aktiver ist als während eines Orgasmus. Sexuelle Erregung wirkt bis tief in die entwicklungsgeschichtlich ältesten Hirnareale hinein, und hebt manchmal urtümliche Gefühlswelten nach oben, für die Worte nie gefunden worden sind, und die der Verstand als alte, tiefe Erinnerungen einordnet. Frühkindliche Phantasieblitze drängen an die Oberfläche und werden als unabwendbare Ereignisse herausgebrüllt. Ergebnis des Sex kann es werden, dass Menschen, völlig neues Leben, gezeugt werden. Hormone erzeugen empfehlende Gefühle der Bindung und der Vertrautheit, selbst wenn der Verstand eine Bindung und Vertrautheit niemals anraten würde.

Dass diese Erlebnisse, deren Intensität bei Menschen durchaus schwankt, ungeübte Seelen fordern, überwältigen oder auch überraschen, mag zu Angst und daher zu einem Wunsch zur Distanzierung führen. Verächtliche Bemerkungen über gelegentliche Sexualpartner und auch zu sexuellen Dienstleisterinnen sowie allgemein zu Menschen, die offenbar die Ängste vor dem Sex nicht teilen, folgen aus diesem aus der Angst folgenden Bedürfnis nach Distanzierung.

Aber auch die Romantisierung schafft entweder Distanzierung oder eine verkehrte Einordnung des Geschehens in einen vorgeblich passenden Gesamtrahmen. Die brutale Eindrücklichkeit des Sex im eigenen Körper und Gehirn wird damit scheinbar eingeordnet und verdrängt. In Wirklichkeit hat dies nichts mit Möbeln, Blüten, Gerüchen oder auch Herrenanzügen zu tun. Die spätere, ausnahmslos gelogene Entschuldigung, es sei alles „einfach so passiert", setzt den falschen geistigen Überbau über das körperlich Geschehene in erzählerischer Weise fort. Selbstverständlich haben Menschen nicht versehentlich oder aus Fahrlässigkeit Sex.

Fragen, die Sie sich stellen können:

1. Werden Sie durch Düfte, Blumen, Kerzen und schöne Räume unmittelbar sexuell erregt, oder ermöglichen es Ihnen diese Umgebungen nur, anderweitig erregt zu werden?

2. Können Sie zwischen einem arrangierten Moment und der sonstigen Wirklichkeit unterscheiden?

3. Haben Sie sich schon einmal eingeredet oder anderen Menschen erläutert, Sex sei „einfach so passiert"? Falls dies der Fall war, wieso haben Sie diese Opferrolle eingenommen?

4. Haben Sie Techniken entwickelt, sich in Situationen fallen zu lassen, nur weil Sie dies möchten, ohne dabei den Verstand abzugeben?

5. Sind Sie während des Sex schon einmal völlig überwältigt gewesen? Erleben Sie dies gern?

Swingerclubs erlauben auch die Entrückung aus dem Normalzustand, allerdings mit anderen Mitteln. Sie schaffen von der Wirklichkeit entrückte Zonen, deren Gestaltung einerseits deutlich macht, dass die Bereiche ausschließlich die Bestimmung aufweisen, dort Sex zu haben. Zum anderen spielen sie oftmals mit Farben und Licht nicht in einer romantischen, sondern unwirklichen Weise. Es gab in Berlin einmal einen leider geschlossenen Swingerclub, in dem eine mit schwarzem Kunstleder bezogene Liege unter einer kleinen LED-Lampe stand, die die einzige Beleuchtung des Raumes war. Der Raum hatte ansonsten schwarze Wände und einen schwarzen Bodenbelag. Die LED-Lampe emittierte mit wenig Leistung, aber aus ungefähr 50 Leuchtelementen Licht in den Farben blau, rot und grauweiß. Einerseits waren die erregenden Konturen eines Sexpartners oder einer Sexpartnerin in diesem Schimmer deutlich erkennbar, andererseits verlor der Raum, der ansonsten das Licht schluckte, hierdurch Dimension, alle Erkennbarkeit konzentrierte sich auf die Körper, und die Farbgebung war entrückt von Realem und Ernsthaften. Wer die von Planetenoberflächen fernen, künstlichen Welten von Raumschiffen kennt, wie man sie in Filmen sieht, mag die so erzeugte Stimmung vielleicht nachvollziehen. Hier ruft die Raumausstattung ein Entrücken aus der übrigen Welt mit all ihren Beachtlichkeiten hervor. Sie ersetzt die Normalität im Gegensatz zur Romantiksuite aber nicht durch eine scheinbare ersatzweisen Interpretation der Umgebung und Situation, sondern konzentriert die Anwesenden auf das Wesentliche, auf die Körper und die Berührung, auf sich selbst und so eben genau auf den Sex mit all seiner Wirkmacht. Menschen konnten sich hier in den Strudel ihrer sexuellen Erregung fallen lassen und Gefühle und auch Orgasmen in aller Heftigkeit zulassen.

An die Stelle einer verdrängenden Romantik kann also beim Sex gerade die Konzentration auf das wirkliche Geschehen treten.

Das Fazit aus all diesen Überlegungen kann daher lauten: Wenn sich zwei Menschen begegnen, diese beiden Menschen aufeinander geil sind, und wenn dann beide das Beste daraus machen, indem sie miteinander Sex haben, schadet das weder anderen, erst Recht der Gesellschaft an sich, noch spricht man sich damit gegenseitig das Menschsein ab. Freundlich kann man vorher und nachher auch zueinander sein.

Fragen, die Sie sich stellen können:

1. Können Sie sich vorstellen, dass Sie sich beim Sex besser fallen lassen würden, wenn Sie sich in einer Umgebung befinden, in der es nur auf das Erleben von Sex ankommt?

2. Wie würden Sie es empfinden, wenn Sie sich an einem Ort befinden, an dem alle Anwesenden Sex haben, und an dem alle annehmen, dass auch Sie Sex haben werden?

Kapitel 6 – Schlampenfragen

Der in eine Romantisierung übergegangene frühere Ordnungsrahmen betraf überwiegend Frauen, die mit jedem Geschlechtsakt Gefahr liefen, schwanger zu werden, und deren Schwangerschaft eine Gefahr für das gesellschaftliche Gesamtgefüge darstellte, weil die Versorgung entweder nicht oder durch den falschen Mann sichergestellt war. Aus diesen nicht mehr aktuellen, aber dereinst logischen Gründen wurde die sexuelle Beschränkung vor allem der Frauen auch von Frauen selbst ganz überwiegend mitgetragen. In der geschilderten Romantisierung setzt sich diese Sonderrolle der Frau noch heute als gesellschaftlicher Teilkonsens fort oder wird sogar als eine natürliche Veranlagung von Frauen dargestellt.

Die Annahme, dass Frauen sexuell eher zurückhaltend sind, während Männer sich in einem Gegensatz hierzu sexuell betätigen müssen, ist nach wie vor sehr verbreitet und schlägt sich auch noch institutionell wieder. Dass Frauen im Rahmen der Prostitution Geld verlangen können, kann wirtschaftlich nur funktionieren, wenn der weibliche Sexualkontakt mit einem Mann ein verknapptes Gut ist, bei dem das Überwiegen der Nachfrage gegenüber dem Angebot durch eine Geldzahlung ausgeglichen wird. Mit anderen Worten, je häufiger heterosexuelle Frauen zum eigenen Nutzen hetersosexuelle Aktivität von Männern nachfragen würden, desto geringer würde die männliche Nachfrage nach bezahltem

Sex ausfallen, weil man dasselbe auch ohne Bezahlung erhalten würde.

Freilich erfüllt die Prostitution auch ihre eigene Funktion, die sie auch in einer Welt voller offen sexhungriger Frauen nicht völlig verlieren würde. Zyniker sagen, dass Männer nicht die Leistungen Prostituierter wünschen, um Sex zu haben, sondern aus dem Wissen, dass die Prostituierte als Sexpartnerin nicht am folgenden Tag bei ihm anrufen wird. Wieder andere meinen mit Fug und Recht, dass Prostituierte ihnen zwar keine Liebe, aber ein technisch besseres sexuelles Erlebnis bieten als Frauen, die dieses Handwerk nicht erlernt hatten. Dies verwundert nicht, da Menschen allgemein und in fast allen Sparten in ihrer Profession eine bessere Leistung erbringen als Amateure.

Dennoch zeigt sich, dass sich, auch ohne Einfluss der Corona-Pandemie und auch dort, wo sie nicht verboten wird, die Prostitution in Deutschland und Europa auf dem Rückzug befindet. Große deutsche Bordelle veranstalten inzwischen an manchen ansonsten umsatzstarken Samstagen Swingerpartys ohne Prostituierte. Der gewöhnlichen Bordelle, in denen noch in den 1990er Jahren viele junge einheimische Schönheiten zu finden waren, sind inzwischen geprägt von südosteuropäischen Arbeiterinnen mittleren Alters, ohne dass sich die Preislage geändert hatte, und sie sind weniger geworden. Vor allem jüngere Frauen sprechen offen über ihre One-Night-Stands oder sogenannte Freundschaften Plus. Auch wenn dieser Wandel nicht nachgemessen wurde und auch auf Umstände wie die Osterweiterung der Europäischen Union und den damit entstandenen uneingeschränkten Rechten zur Erwerbstätigkeit vor allem für Rumäninnen und Bulgarinnen sowie auf die gewandelte Arbeitsmarktsituation mit einer annähernden Vollbeschäftigung zurückzuführen sein mag, kann dies nicht die alleinige Ursache sein. Als Prostituierte kann eine Frau immer noch mehr Geld verdienen als mit dem Einräumen von Waren, und die Tätigkeit wird für viele Frauen einfacher und auch in ästhetischer, wenn auch vielleicht nicht in ethischer Hinsicht angenehmer sein als ein aufreibender Job im Schichtdienst in einem Pflegeberuf.

Trotz dieses langsamen Wandels verbergen sich Vorurteile und Gedanken im Hinterkopf vieler Frauen, die im Grund den Wunsch verspüren, ihre Sexualität freier und ungezwungener auszuleben, und die ihre Wurzel in dem überkommenen beschränkenden Ordnungsrahmen finden. Frauen schildern, dass andere Frauen ihnen raten, sich „rar zu machen" oder nicht so schnell Sex zu haben, um ihren Wert zu steigern, für wen auch immer dieser Wert generiert werden soll. Möglicherweise besteht er in Wirklichkeit nur für eine missgünstige vermeintliche Freundin.

Diese Selbstdarstellung als Rarität wird bei sehr vielen Männern nicht auf einen besonderen Anklang stoßen. Sensible Männer spüren es, wenn eine Frau im Grunde Sex will - und viele Frauen geben doch an, sie wünschten sich einen sensiblen Mann. Wenn das völlig legitime sexuelle Bedürfnis einer Frau auf den vorgeblich wohlmeinenden Rat einer Freundin in die Warteschleife geschickt wird, irritiert dies nicht nur, sondern lässt viele Männer auch vermuten, dass sie mit der Frau zugleich ihr psychologisches Problem ungewollt in ihren Bereich lassen würden. Auch wenn diese Warnung nicht in jedem Fall zutreffen mag, birgt die zur Schau getragene Selbstbeschränkung ein deutliches Risiko einer Abfuhr durch einen im Grunde begehrten Mann.

In der Folge der Benennung des Bestsellers „The Ethical Slut" der Autorin Janet W. Hardy und von anderen Einflüssen aus Nordamerika bezeichnen sich sexuell aktive und bejahende Frauen oft in Diskussionen als Schlampe, während in der eher politisch geprägten öffentlichen Auseinandersetzung eher der Begriff „sexpositiv" verwendet wird. Der zuletzt genannte Begriff steht eher im Zusammenhang des Feminismus, was auch anhand der Kontrollüberlegung deutlich wird, dass eine Diskussion über „sexpositive Männer" nicht stattfindet und auch für Überraschung sorgen würde. Entsprechend dem alten Bild von den sexuellen Geschlechterrollen geht man davon aus, dass ohnehin alle Männer diese positive Haltung aufweisen würden, was allerdings nicht zutrifft. Während ein „sexnegativer" Mann sogar vor vielen Jahren in der Serie „Eine schrecklich nette Familie" in der Figur des Al Bundy populärkulturell verkörpert worden war, findet er in politischen Debatten entweder gar nicht oder nur als Fußnote statt. Dementsprechend gibt es umgekehrt auch derzeit kein begriffliches männliches Gegenstück zu einer Schlampe. In früheren Zeiten war es anders, als die Welt noch Playboys, Gigolos und sogar Witwentröster kannte und auch der sogenannte Eintänzer in dem Ruf stand, es nicht nur beim Tanzen zu belassen. Die meisten dieser Begriffe waren dabei positiv besetzt oder zumindest mit einem Augenzwinkern verbunden und betonten auch eher den Charme dieser Männer als die hierdurch verursachte geschlechtliche Aktivität.

Somit blieb es bei dem Versuch, ein Wort für eine sexuell bejahende und aktive Frau zu finden, bei dem mäßig freundlichen Begriff der Schlampe. Was darunter nun verstanden werden soll, steht weniger deutlich fest als bei den Wörtern, die entsprechende männliche Gegenstücke beschreiben sollen. Über Begriffsbestimmungen kann man naturgemäß immer streiten, weil sie eben nicht auf Beobachtungen oder Erfahrungen beruhen, sondern eben ein sprachliches Einvernehmen betreffen. Aber auch hinter dem Schlampenbegriff steht eine Geschichte. Wegen des Fehlens einer lobenden Bezeichnung wird ein ursprünglich abwertendes Wort systematisch positiv besetzt, um den Abwertenden die sprachliche und somit gesellschaftliche Gestaltungsmacht zu nehmen. In diesem Sinne durchleben viele Wörter, die in übergriffiger Weise verwendet worden sind, eine Geschichte, die in eine von zwei Richtungen weist. Entweder wird eine negative Bezeichnung von Menschen gleichsam verboten, wie etwa das „N-Wort" für dunkelhäutige Menschen, oder es wird ins Positive umgedreht, wie „schwul".

Was ist also in einem aufwertend gemeinten Sinne eine Schlampe, die dann politischer ausgedrückt sexpositiv ist? Zusammengefasst ist es eine Frau, die vor sich selbst und dort, wo es angebracht ist, auch vor ihrer Umwelt dazu steht, dass sie eine Sexualität hat, die sie ausleben möchte, und die diese Haltung auch aktiv umsetzt. Sie verkörpern damit das Gegenteil zu dem sexnegativen Feminismus der 1970er Jahre. Sexpositive heterosexuelle Frauen können folglich auch keine pauschale Abneigung gegen Männer entwickeln, sonst könnten sie mit Männern keinen vernünftigen und erwachsenen Sex haben. Daher sehen sie sich unter Beschuss bestimmter anderer Gruppen. Das sind einerseits sexnegative oder Männer ablehnende Feministinnen, andererseits aber auch Menschen, die der Auffassung sind, dass Frauen Sex nur ungern oder aber als Aufopferung haben sollten.

Eine Schlampe oder sexpositive Frau in diesem Sinne ist nicht notwendigerweise nymphoman. Es ist eine Frau, die nach ihrer eigenen Vorstellung ständig Sex haben darf und nicht bereit ist, sich dafür zu schämen oder rechtfertigen zu müssen. Gemeint ist auch nicht, dass sie einen Leistungswettbewerb darum führt, wer die meisten Partner hat, die meisten Geschlechtsakte vollzieht oder gar die meisten Orgasmen hat, sondern um die Einstellung zur eigenen Sexualität. Man kann diese Einstellung auch als Achtsamkeit bezeichnen.

Zugleich geht es um das Selbsteingeständnis der eigenen persönlichen Sexualität. Es gibt zum Beispiel Frauen, die einen Gangbang-Fetisch haben, also dadurch besonders erregt werden, sich in einem Haufen williger Männer wiederzufinden und von ihnen auch penetriert zu werden. Unter Swingern ist es einer Frau möglich, diesen Fetisch anderen Menschen schlicht mitzuteilen, ohne dass abwertende Bemerkungen befürchtet werden müssen. Diese sind auch nicht von Männern oder Frauen zu erwarten, die, wie sehr viele, diese Vorliebe nicht teilen. Viele Frauen, die offen darüber sprechen können, hat es viel Überwindung gekostet, eine solche Vorliebe anderen sexpositiven Menschen schlicht mitteilen zu können. Auf Swinger-Stammtischen oder in Clubs würde dies weder auf Ablehnung noch auf Verwunderung stoßen.

Umgekehrt sind Offenheit und Achtsamkeit ebenfalls möglich. Es gibt Praktiken, auf die Frauen jeweils eben nicht stehen, und auch das Fehlen einer solchen Neigung kann man in einer entsprechenden Umgebung frei von einem Druck äußern, der durch Antworten entstehen würde, wonach man dieses oder jenes einfach mache oder nicht mache. Dass eine Frau vom Sex in der standardmäßigen Missionarsstellung nicht zum Orgasmus kommen kann, ist zwar für die Zeugung von Nachwuchs unpraktisch und entspricht vielleicht nicht irgendeinem Normdruck, darf aber formuliert werden oder sollte es sogar. Wenn eine Frau eine Praktik, die andere Menschen als langweilig empfinden, für sich selbst als erfüllend erlebt, kann sie dies ebenfalls sagen. Sie sollte sich nicht unter einem Zwang wiederfinden müssen, alle denkbaren Fetische durchzuprobieren.

Es geht also um eine Aufgeschlossenheit von Frauen, die darin besteht, ehrlich zu sich selbst und anderen zu sein, und zwar hinsichtlich der folgenden Gesichtspunkte. Die allermeisten Menschen empfinden erstens Sex als angenehm, brauchen ihn zweitens, weil sie einen Geschlechtstrieb haben, und drittens schlummern mehr oder weniger tief in ihnen unterschiedliche Muster, durch was sie sexuell angesprochen werden. Es ist sexpositiv, diese Umstände auch für sich selbst schlicht zu akzeptieren, ohne dabei Anpassungs- oder Rechtfertigungsdruck zu empfinden. Sie ist sich ihrer persönlichen Freiheit bewusst und hat daher keine Skrupel, im Rahmen des rechtlich erlaubten dieses Wollen auch in die Tat umzusetzen. Die Umsetzung stellt dabei vielleicht den Unterschied dar, den der Begriff der Schlampe im positiv verstandenen Sinne von demjenigen der sexpositiven Frau ausmacht, die nämlich in einer bloßen Haltung verharren könnte.

Angenehmer Nebeneffekt für heterosexuelle Männer ist bei der Begegnung mit Schlampen übrigens, dass es recht praktisch ist, dass eine Frau darüber spricht, was sie mag und was nicht, und das dann das, was sie sagt, auch zutrifft. Das macht den Sex mit ihr nämlich in der Regel einfacher und damit auch angenehmer.

Fragen, die Sie sich stellen können:

1. Hatten Sie schon einmal das Gefühl, eine Frau schlechter zu bewerten, weil sie an Sex interessiert war? Warum?

2. Wie intensiv haben Sie es erlebt, dass Menschen in Ihrem Umfeld sich geäußert haben, dass die Sexualität von Frauen weniger ausgeprägt sei?

3. Haben Sie es erlebt, dass Frauen wegen ihrer Sexualität herabgewürdigt worden sind, während dies bei Männern nicht der Fall war? Was hat dies bei Ihnen ausgelöst?

4. Wenn Sie eine Frau sind, haben Sie es erlebt, dass andere Frauen Ihnen erklärt haben, dass Sie Ihre Sexualität in der einen oder anderen Weise zurückhalten sollen?

5. Haben Sie, wenn Sie eine Frau sind, bereits einen Druck erlebt, wonach Ihnen bestimmte sexuelle Praktiken gefallen sollten und andere weniger? Sind

Sie bereits offen und unvoreingenommen danach gefragt worden, was Sie mehr erregt, und was weniger?

6. Wenn Sie ein Mann sind, hat Sie eine Frau, die Ihnen ihre Vorlieben mitgeteilt hat, schon einmal irritiert? Hing das mit dem Inhalt ihrer Vorlieben oder damit zusammen, dass sie eine Frau ist?

Kapitel 7 – Betrug und Unehrlichkeit als Trauma

An dieser Stelle ist ein Hinweis wichtig. Die Forderung vieler Menschen, eine ehrliche und somit nicht verlogene Haltung gegenüber anderen Menschen einzunehmen, die man verführt, ist völlig berechtigt. Jemanden zu verführen und dem Menschen eine Beziehung in Aussicht zu stellen, obwohl man dies nicht wünscht, hierzu nicht bereit ist oder wegen eines monogamen Partners daran gehindert ist, greift das Vertrauen des verführten Menschen an. Da Vertrauen und die Fähigkeit, hierfür einen Vorschuss zu geben, dafür notwendig ist, sich auf eine Beziehung einzulassen, verdirbt man die Beziehungsfähigkeit der anderen Menschen aus egoistischen Motiven. Auch bei Swingern ist solche Verlogenheit daher verpönt, und man setzt in der Szene den Ruf aufs Spiel. Betrug und Unehrlichkeit traumatisieren andere Menschen. Das Ziel des Handelns von Menschen sollte es sein, das Glück der anderen zu vermehren und nicht zu vermindern, indem man sie traumatisiert.

Verlogenheit und Heimlichkeit ist das Gegenteil einer offenen Beziehung. Sex und Nähe ist ausreichend auch und gerade für Menschen zu finden, die ihre Ziele offen mitteilen. Interesse an gelegentlichem Sex und an Menschen, mit denen man in einer sexuell nicht exklusiven Beziehung zusammenleben kann, findet sich genug.

Fragen, die Sie sich stellen können:

1. Sind sie aus Ihrer Sicht bereits in einer Beziehung betrogen worden? Wie nahe ist Ihnen dies gegangen? Teilte die Person, die Sie aus Ihrer Sicht betrogen hat, Ihre Ansicht dazu, was ein Betrug ist?

2. Haben Sie selbst schon einmal eine Partnerin oder einen Partner betrogen, oder wurde Ihnen das vorgeworfen? Was hat dies mit Ihnen gemacht? Worum ging es dabei eher, um einen sexuellen Vorteil, um das Gefühl, unabhängig zu sein, oder lag es an einer bereits bestehenden Distanz zum Partner oder zur Partnerin?

3. Haben Sie aus Erfahrungen mit Betrug in einer Beziehung, die Sie selbst oder die Sie bei anderen erlebt haben, Schlüsse auf Menschen allgemein, etwa auf Männer oder Frauen, gezogen, die sich nicht auf eine einzelne Person, sondern auf Gruppen beziehen? Ist dies gerecht?

4. Würden Sie damit, dass Ihr Partner oder Ihre Partnerin Sex mit einer anderen Person hat, anders umgehen können, wenn Sie dies erlaubt hätten und es Ihnen selbst erlaubt wäre?

Kapitel 8 – Besorgnis und Neid

Es gibt eine einzige Grundhaltung, aus der heraus ein Mann oder eine Frau niemals Swinger werden sollte, und diese hängt entgegen gängigen Vorurteilen nicht mit Neid oder Eifersucht zusammen. Welche Grundhaltung dies ist, wird am Ende des Kapitels besprochen.

Zunächst also zur Besorgnis und zum Neid. Hier muss man also ein wenig ausholen. Denn Eifersucht, Neid und eine reine Besorgnis hängen eng miteinander zusammen und äußern sich oft mit denselben Handlungen. Sie sind zugleich voneinander zu unterscheiden, weil die auslösenden Umstände und Ziele voneinander abweichen.

Besorgnis um eine Partnerin oder einen Partner ist zunächst eine Haltung, die der Zugewandtheit zu einem Menschen entspringt. Ob Sorgen berechtigt sind oder nicht, lässt sich oftmals nicht sicher feststellen. Sie beruhen auf dem Verdacht einer Gefahr. Bereits einer Gefahr wohnt inne, dass sie nicht in einen Schaden umschlagen muss, sondern dass für den Eintritt des Schadens nur eine Wahrscheinlichkeit besteht. Der Verdacht einer Gefahr, die Besorgnis, beruht nur auf einer Vermutung, die sich insbesondere aus eigener Lebenserfahrung speisen kann. So könnte einer der Partner etwa erkennen, dass auf einem Swinger-Event eine Person, auf die sich der andere Partner oder die Partnerin einlassen möchte, nach der Lebenserfahrung in irgendeiner Weise unangenehm wird und der Partner oder die Partnerin dies aber nicht oder zu spät zu erkennen scheint. Eine Intervention, vor allem mit dem richtigen Augenmaß, wäre daher ein Ausdruck von Besorgnis. Wie viel dieser Besorgnis ein Partner nun an den Tag legt, ist Verhandlungssache der Partner. Die Sorge kann willkommen sein, allerdings ist auch die persönliche Risikobereitschaft zunächst eigene Angelegenheit jedes Menschen. Erheblich für beide Partner wird das Geschehen allerdings, wenn die Situation darauf hinauslaufen kann, dass der eine Partner die psychischen Probleme des anderen Partners auffangen muss und somit selbst belastet wird.

Fragen, die Sie sich stellen können:

1. Haben Sie es schon einmal erlebt, dass Sie sich um eine Person einfach gesorgt haben, Ihnen aber unterstellt wurde, dass Sie andere Motive haben, wie Neid oder Eifersucht, oder dass es Ihnen eigentlich um Kontrolle gehe?

2. Haben Sie schon einmal darüber nachgedacht, ob Sie etwas tun, weil Sie sich um jemand anderes sorgen, oder ob Neid oder Eifersucht Ihr Motiv war?

Neid ist eine andere Herausforderung, die in zwei Hinsichten entstehen kann, sich nämlich gegen andere und gegen den eigenen Partner richten kann.

Der sexuelle Neid gegenüber anderen Menschen, die nicht der eigene Partner sind, richtet sich normalerweise gegen Menschen desselben Geschlechts. Seine Ursache ist in einem

Wettbewerbsdenken verhaftet, das jedem Menschen in unterschiedlicher Ausprägung innewohnt. Im Zusammenhang mit dem Swingen betrifft sie Menschen, die erkennen, dass andere Menschen eine größere anziehende Wirkung auf potentielle Sexualpartner ausüben als sie selbst. Es belastet durchaus, wenn man mit ansieht, wie ein Mensch gleichen Geschlechts offensichtlich erfolgreich und mit Leichtigkeit um andere Menschen wirbt, während man selbst nicht an die Menschen heranzukommen scheint, die man sich selbst als Sexpartner des Abends wünscht. Aber dieser Neid kann sich auch gegen Menschen des anderen Geschlechts richten.

Andreas und Sabine sind ein Paar und passionierte Swinger. Vor dem Clubbesuch hatten sie eine Hotelübernachtung arrangiert. Dies machen sie, damit sie nach einer langen Clubnacht in dem kleinen Ort, in dem sich der Club befindet und in dem sie nicht wohnen, rasch und fußläufig eine Bleibe zum Ausschlafen erreichen. Beim Einchecken im Hotel trafen sie auf ein anderes Paar, Samuel und Nina, und es wurde rasch deutlich, dass dieses andere Paar dieselbe Party in demselben Ort besuchen wird. So kamen sie ein wenig ins Gespräch. Später, nachdem die Party im Club begonnen und Andreas und Sabine dort abgekommen waren, befanden sie sich im Barbereich. Sabine hatte bereits ihre erste Sexrunde mit einem attraktiven Mann gehabt, und Andreas dachte, dass es für ihn nun auch an der Reihe sein sollte. Naheliegend war es, die Frau aus dem Hotel, Nina, anzusprechen, die positiv auf Andreas reagiert hatte, und mit der sich Andreas Sex hätte vorstellen können. Im Zuge des kurzen Gesprächs überschüttete Nina Andreas unerwartet mit abweisenden Worten. Sie sagte ihm, er wirke hektisch, irgendwie unentspannt, lächele künstlich und sei allgemein merkwürdig. Nina wies sodann auf eine Frau, die etwas entfernt gegenüber saß, und meinte, diese Frau finde sie wirklich attraktiv, mit ihr würde sie gern einmal Sex haben, aber an diese Frau komme man ja nicht heran.

Andreas wurde neugierig, empfahl sich Nina, stand auf und ging zu der attraktiven Frau gegenüber, die, wie sich später herausstellte, Simone hieß. Simone sah Andreas auf sich zukommen und bedeutete mit der Hand, die sie kurz auf die freie Fläche neben ihr schlug, dass Andreas' Gesellschaft durchaus willkommen sei. Simone und Andreas führen ein unbedeutendes kurzen Gespräch, und Andreas bot schließlich an, dass beide in einen Bereich gehen, in dem sie Sex haben würden. Simone willigte begeistert ein, und Andreas und Simone wanderten Hand in Hand aus dem Barbereich hinaus. Andreas wollte in dieser Lage Nina nicht direkt anschauen, in seinen Augenwinkeln sah er aber ihr erbostes Gesicht, die ihm und Claudia, wie ihm später Sabine berichtete, entgeistert nachstarrte. Als Andreas Nina später im Club noch einmal begegnete, würdigte sie ihn keines Blickes. Dieselbe Nichtbeachtung zeigte sie, als sich die beiden noch einmal auf einer anderen Party begegneten.

Welche Motivation Nina hatte, Andreas unerwartet und schroff abzuweisen, ist keiner Erklärung zugänglich, die auf ihre Richtigkeit überprüft werden könnte. Allerdings war ihre Reaktion auf Andreas' Erfolg bei der schönen Simone eine offensichtliche Neidreaktion, zumal sie ihr eigenes Interesse an Simone und die Selbsteinschätzung bekundet hatte, aus Sicht von Simone nicht genügend zu sein. Dass Andreas, dessen fehlenden Wertigkeit Nina feststellend verkündet hatte, nun offenbar einen größeren Wert bei Simone hatte, als sie es von sich selbst glaubte, offenbarte die Widersprüchlichkeit von Ninas eigenem Verhalten. In dieser Situation konnte sie nur mit Sprachlosigkeit reagieren.

Fragen, die Sie sich stellen können:

1. Waren Sie schon einmal neidisch, weil eine andere Person bei jemandem sexuell erfolgreich war?

2. Wie gehen Sie damit um, wenn andere Menschen auf Sie neidisch sind?

Neid besteht aus drei Elementen, nämlich einem Mangel an eigener Wertschätzung, einem Vergleich mit anderen Personen und einem Widerspruch bei der Einordnung des wahrgenommenen Geschehens, dessen Einordnung nicht gelingt. Nina, die Frau aus dem Hotel, hat ihre eigenen Mangel an Selbstwertschätzung ebenso verdeutlicht wie ihre Überheblichkeit, die im Ausdruck einer zumindest vorgeblich noch geringeren Wertschätzung gegenüber Andreas ihre Darstellung fand. Eine weitere Variante des Neides richtet sich gegen den eigenen Partner. Jedes Zusammentreffen mit anderen Menschen hat seine eigene Dynamik und ist in seinem Ergebnis und überhaupt der Einordnung, welches Ergebnis feststellbar sei, höchst individuell. Gerade das sexuelle Empfinden ist nicht nur tages- sondern auch stunden- oder sogar minutengenau unterschiedlich. Daraus ergibt sich gerade bei häufigen sexuellen Treffen mit noch Unbekannten oder auch flüchtigen Bekannten die Notwendigkeit, dass Partner häufiger eine gemeinsam erlebte Veranstaltung oder ein anderes sexuell geprägtes Zusammensein mit anderen Menschen unterschiedlich als angenehm empfinden.

Andreas und Sabine, die wir oben bereits kennengelernt hatten, treffen sich öfter mit Paaren, die sie im Club kennengelernt haben, und mit denen sie sexuellen Kontakt halten wollten. Eine Einladung in ihre Wohnung, die ein Paar, Adriano und Rebekka, an sie ausgesprochen hatte, haben sie daher auch aus Sympathie angenommen. Während Andreas Rebekka recht attraktiv findet, weil er beim Sex mit ihr eine innige Verbindung aufbauen kann, findet Sabine Adriano für sexuelle Begegnungen akzeptabel, doch nicht unbedingt traumhaft. Als Andreas und Sabine bei Adriano und Rebekka ankamen, erfuhren sie, dass noch weitere Paare eingeladen waren, die Andreas und Sabine nicht kannten. Die bereits anwesenden und noch erscheinenden Paare entsprachen nicht ihrer Zielgruppe. Ein Paar verabschiedete sich außerdem aus einem Grund rasch, zu dem sich nicht feststellen ließ, ob es sich um einen Vorwand oder um eine zutreffende Angabe handelte. Rasch kam es trotz dieses unglücklichen Starts zu einer ersten Runde sexueller Nähe, wofür sich Andreas und Rebekka in einen Nachbarraum zurückzogen, in dem sie innigen, persönlichen Sex hatten, begleitet von Küssen und Komplimenten, wie gern sie sich spüren und wie wohl sie sich fühlten. Sabine war an diesem Abend weniger auf Kuscheln, sondern raschen Triebabbau aus und nutzte bereits deshalb die Geschlechtsteile der Männer eher als leistungsfähige Kolben, die sie dabei unterstützten. Dabei hatte sie auch Sex mit Adriano. Als Adriano diesen Unterschied bemerkte und Rebekka nach einer zweiten Runde Turbosex zudem noch eine dritte Runde unter Hinweis auf ihre Erschöpfung einstweilen ablehnte, wurde er merklich wütend. Er fragte Andreas, weshalb er mit Sabine eine Frau mitnehme, die offenbar keine Lust habe. Außerdem sah er, wie sich Andreas und Rebekka auf eine weitere gemeinsame Runde freuten, und bestand darauf, dass entweder alle Anwesenden Sex hätten oder niemand. Später beruhigte er sich zwar wieder, aber nach einem weiteren Abend in einem Club, in dem sich ein ähnliches Geschehen wiederholte und Adriano zusätzlich wegen offensichtlichen Drogenkonsums ausfiel und auch abgelehnt wurde, zerbrach die Beziehung zu Rebekka.

Adriano hat sich durch Verhaltensweisen, die bei Männern häufiger ausgeprägt sind als bei Frauen, und durch Neid mehrfach eine Situation hineinmanövriert, die er als Sackgasse empfinden musste. Eifersüchtig war er wegen Rebekka nicht, weil er überhaupt nicht zum Ausdruck gebracht hatte, dass er ihren Sex mit Andreas, oder in einer weiteren Sexrunde, abgelehnt hätte. Es ging um ihn, und zwar darum, dass er nicht ähnlich erfüllende Erlebnisse hatte wie seine Partnerin. Insbesondere Sabines Bedürfnis nach eher auf die Genitalien ausgerichtetem Sex entsprach offenbar nicht dem, was er erleben wollte. Typisch männlich war nun die Reaktion. Er hätte seine Bedürfnisse und Vorstellungen offensiver äußern können. Die Frage „Wer möchte slow sex?" hätte genügt, und bei fünf anwesenden Frauen, die er ja selbst eingeladen hatte und die seiner Einladung gefolgt waren, hätte er sehr wahrscheinlich eine Partnerin hierfür gefunden. Ebenso hätte er sich vornehmen können, erst gar keine genauen Vorstellungen an den Ablauf des Abends zu entwickeln, so dass sich allein aus diesem Grund keine Enttäuschung hätten einstellen können. Anstelle dessen entschloss er sich, seine offenbar ohne die anderen Beteiligten vorgenommene Planung zuerst durch Vorwürfe durchzusetzen, die er seinen Gästen machte. Diese fanden ihren Höhepunkt darin, dass er spontan Regeln für alle Anwesenden schlicht erfand und deren Nichtbeachtung er den anderen dann vorhielt.

Kapitel 9 – Umgang mit dem Alleinsein

Von einem unnötigen Neid zu trennen sind bestimmte Regeln, die einige Paare vereinbaren, um zu vermeiden, dass beim jeweils anderen Partner Gefühle des Alleinseins aufkommen. So gibt es Paare, die verabreden, dass sie Einzel-Abenteuer eines einzelnen Partners vermeiden und stattdessen nur zu zweit Sex mit anderen haben. Dabei gibt es noch die Variante, dass beide sich in demselben Raum aufhalten sollen. Andere Paare empfinden gerade diese Gemeinsamkeit als eher störend. Es gibt im Joyclub eine spezielle Gruppe, in der sich Paare wiederfinden, die Sex in getrennten Räumen bevorzugen, weil es so möglich ist, sich auf die neue, unbekannte Spielpartnerin oder den Spielpartner einzulassen. Eine in einem gewissen Sinne etwas härtere Version ist das Cuckolding, bei dem einer der Partner keinen Sex haben darf oder möchte, während sich der andere Partner mit einer dritten Person vergnügt. Dabei gibt es noch die beiden Varianten, dass der nicht aktive Part beim Sex anwesend ist und zuschaut, und die andere, dass er zu Hause zurückgelassen wird in dem Wissen, dass der Partner gerade mit einer anderen Person Sex hat. Entschließen sich die Partner zu der zuletzt genannten Handlungsoption, stellen das Gefühl des Alleinlassens und die Freude über die Wiederkehr Spielelemente dar. Zudem erregt den zurückgelassenen Part das Wissen, dass der geliebte Partner gerade Sex hat. Um Missverständnisse zu vermeiden, sei gesagt, dass diese Spielarten im Verhältnis zur gesamten

Zahl der Swinger sehr wenig verbreitet sind und nur für Partner geeignet ist, die auf diese Weise eine schon länger bestehende Phantasie in die Realität umsetzen.

Einfachere Formen der Tabuisierung von Verhaltensweisen finden sich in Regeln wie etwa, dass Dritte nicht geküsst werden, oder dass mit ihnen kein Geschlechtsverkehr stattfindet. So bleiben bestimmte Ausprägungen sexueller Nähe für die eigene Körperlichkeit in der Paarbeziehung reserviert. Ein Urteil darüber wird normalerweise in der Swinger-Community nicht gefällt, sondern die Vorbehalte werden entweder diskussionslos akzeptiert oder ein gemeinsames Spiel vorwurfsfrei abgelehnt. Es gibt Männer und Frauen, die keinen Geschmack daran finden, mit einem Menschen Sex zu haben, aber währenddessen keinen Geschlechtsverkehr mit diesem Menschen haben zu dürfen oder ihn nicht zu küssen. Die Aussage, bestimmte sexuelle Vorbehalte von Paaren nicht nachvollziehen zu können oder mit einem Paar mit einem bestimmten Tabu nicht Sex haben zu wollen, fällt gelegentlich, ist dann aber als Ich-Aussage zu verstehen.

Fragen, die Sie sich stellen können:

1. Wenn Sie morgen Swinger werden würden, oder wenn Sie es bereits sind – welche Regeln würden Sie gern vereinbaren?

2. Welche Funktion hätten diese Regeln jeweils?

3. Wie würden Sie sich fühlen, wenn eine dieser Regeln einmal nicht eingehalten würden?

4. Was müsste geschehen, damit Sie damit einverstanden wären, Regeln auf Wunsch Ihres Partners oder Ihrer Partnerin zu ändern oder aufzuheben?

5. Was könnte Sie veranlassen, Regeln selbst ändern zu wollen und diesen Wunsch zu äußern?

Gefühle des Alleinseins, oder stehengelassen zu werden, können auch passionierte Swinger jederzeit entwickeln. Wichtig ist es hierbei, dem Partner, der im Konsens mit dem anderen Partner handelt, nicht die Schuld an diesen Gefühlen zu geben und ihm keine Vorwürfe zu machen. Das Gefühl entwickelt sich in der Person, die es hat, und nirgends sonst.

Stefan und Anna sind schon lange Swinger und leben in einer offenen Beziehung. Eines Tages meldet sich Dirk, ein alter Bekannter von Anna, mit dem sie bereits mehrmals Sex gehabt hatte, und schlägt Anna vor, sich an einem Abend zum Sex zu treffen. Anna sagt begeistert zu und erzählt dies auch Stefan. An dem Abend der Verabredung kommt Anna nicht nach Hause, sondern fährt direkt zu Dirk. Stefan sitzt zu Hause, schaut allein Fernsehen und fühlt sich zunehmend unwohl. Als Anna in der Nacht mit durchwühlten Haaren zurückkehrt, ist Dirk schlecht gelaunt, angetrunken und hatte auch masturbiert, was seine Laune nicht verbesserte. Stefan wirft ihr Egoismus vor, sie hätte sich Gedanken machen sollen, wie es ihm ginge. Empört weist Anna darauf hin, dass sie keine zuvor verabredete Regel gebrochen hatte. Er habe sich außerdem ebenso geärgert, als sie vor einiger Zeit ohne ihn mit Freundinnen unterwegs gewesen sei. Die beiden versöhnen sich rasch und legen sich gemeinsam schlafen.

Eine Woche später muss Stefan für drei Tage beruflich verreisen. In der Stadt, in der er sich befindet, kennt er niemanden, und er würde den Abend allein im Hotelzimmer verbringen. Um die Wogen in der Beziehung zu glätten, hatte er der von der Reise wenig begeisterten Anna vorgeschlagen, doch diese Zeit zu nutzen, um sich mit Dirk zu treffen, was Anna auch tut, allein weil Stefan es vorgeschlagen hatte und es ihr künftig schwerer fallen wird, sich an Abenden mit Dirk oder anderen Männern zu treffen, an denen Stefan zu Hause sein würde. Stefan fühlt sich nun erleichtert, dass Anna während seiner Abwesenheit Ablenkung und Befriedigung findet. Um Körperliches zu spüren und den Abend zu nutzen, besucht er am Reiseziel ein Bordell, aber nicht an dem Abend, an dem sich Anna mit Dirk trifft. Er hat dabei auch das Gefühl, es Anna heimgezahlt zu haben. Anna erreicht ihn an dem Abend erst nach dem Bordellbesuch und zeigt ihre Besorgnis, weil sie Stefan zuvor nicht erreicht hatte. Als sie dann von dem Bordellbesuch erfährt, ist sie schockiert, macht Stefan allerdings keinen Vorwurf. Stefan wiederum fragt sich, weshalb Anna gerade bei seiner Abwesenheit so anhänglich wird, und ob sie eine Art Anwesenheitskontrolle durchgeführt hatte.

Erfahrungsgemäß kann dieselbe Situation an einem Tag oder in einem Moment Unbehagen oder sogar Angst hervorrufen. Dies muss allerdings nicht der Fall sein, wenn sie sich fast ebenso wiederholt. Deshalb lohnt es sich meist nicht, hieraus Regeln zu konstruieren. In den meisten Fällen ist es nicht der Umstand, dass der Partner gerade Sex mit anderen hat, die wirklich zu einem Unwohlsein führen, sondern eine Schwierigkeit des Umgangs mit dem Alleinsein, der Nichterreichbarkeit und der Abwesenheit des Partners. Dies ist oft für Partner problematisch, die sehr viel Zeit miteinander verbringen und sich in Anwesenheit des Partners allgemein wohlfühlen.

Ein Gespräch mit dem Partner über die eigenen Gefühle reicht in solchen Situationen aus, ist aber auch notwendig. Im Beispiel störte es Stefan, dass Anna ihn für Sex mit einem anderen zurückließ. Allerdings war es nicht der Sex mit einem anderen Menschen, sondern das Alleinsein, was ihn wirklich störte - wie später auch bei seiner eigenen beruflichen Reise. Anna hatte Stefan nicht belogen oder betrogen und auch keine Regel gebrochen. Sie sah allerdings sein Problem und beabsichtigte, Stefan während seines berufsbedingten Alleinseins ein gutes Gefühl zu geben, indem sie ihn anrief. Dabei wunderte sie es, dass er das erneute Treffen mit Dirk nicht problematisierte, zugleich aber Stefan ein Bordell besuchte, was hinsichtlich der Frage, ob sie damit zurückgesetzt werden sollte, an sich schwer zu beantworten ist und für sie in dieser Situation auch war.

Fragen, die Sie sich stellen können:

1. In welchen Situationen haben Sie Angst vor dem Alleinsein?

2. Haben Sie mit Ihrem Partner oder Ihrer Partnerin darüber gesprochen? Wie würde er oder sie darauf reagieren, oder wie hat er oder sie reagiert?

3. Haben Sie schon einmal jemandem einen Vorwurf gemacht, weil Sie sich allein fühlten? Wie berechtigt war dieser Vorwurf? Haben Sie eine Spannung erlebt, die Sie nur schwer auflösen konnten?

Kern der durchaus lösbaren Probleme der beiden ist nicht der Umstand, dass sie jeweils Sex mit einer anderen Person hatten, sondern dass der andere Partner Grund hatte, sich einsam und ohne den Schutz und die Nähe des anderen Partners zu fühlen. Die Lösung besteht in solchen Situationen darin, sie positiv zu werten. Jeder der Partner fühlt sich in der Gegenwart des anderen wohl und vermisst ihn. Verbringt ein Partner Zeit für eine sehr eigene Angelegenheit - sei es der Sex mit einer Person, an dem der andere Partner nicht teilhat, oder sei es der Beruf - wird deutlich, dass es eine Lebenssphäre ohne den anderen Partner gibt. Und zu dieser Lebenssphäre gehören auch bei den treuesten Partnern nicht nur hehre Angelegenheiten wie der Beruf oder die Pflege einer alten Freundschaft, sondern je nach Charakter und Vorlieben auch abendliche Touren mit nur eigenen Freundinnen oder Freunden oder auch ein profaner, von vielen Menschen auch prinzipiell abgelehnter Bordellbesuch. Diese Lebenssphäre des anderen zuzulassen ist einfacher, wenn sich der vorübergehend zurückgelassene Partner verdeutlicht, dass es gerade das angenehme Gefühl der Gegenwart des anderen Partners, die Liebe zu ihm, ist, die letztendlich diese Gefühle auslöst. Anrufe und Rückfragen des anderen Partners können als Sorge und Fürsorge angesehen werden und nicht als Kontrollinstrument. Auch vorübergehende Trennungen für einige Stunden oder Tage können Erinnerungen an Verluste wachrufen und auf diese Weise Verlustängste erzeugen. Der Umstand, dass der andere Partner Sex mit jemand anderem hat, kann bei einigen Menschen diese Ängste verstärken, ist aber letztendlich nicht der Auslöser.

Anstatt sich Durchhalteparolen aufzusagen und an sie während einsamer Stunden zu glauben, können beide Partner versuchen, bei solchen Abwesenheiten Ablenkungen zu finden. Ob flüchtiger Sex in einem Bordell oder mit sich selbst hierfür wirklich geeignet ist, kann man bezweifeln, weil man nach solchem Sex wieder, vielleicht noch massiver, auf sich selbst zurückgeworfen wird. Anderen verhilft diese Befriedigung zumindest zu einem ruhigeren Schlaf. Alkohol ist erst Recht ein schlechter, nämlich gar kein Ratgeber.

Möglichkeiten der Ablenkung sind an unbekannten Orten je nach Eignung Erkundungstouren mit einem selbst gesteckten, vielleicht verrückten Ziel, etwas herauszufinden, oder Versuche, mit Menschen vor Ort in Kontakt zu kommen. Scheitern solche Versuche, schadet die Blamage keinesfalls, die Einheimischen an dem Ort kennen einen ja nicht, so dass etwaige spätere böse Tuschelei unwichtig bleibt. Orte, wo sich überwiegend Paare aufhalten, sollten vermieden werden. Sitzt man einsam zu Hause, ist es eine wenig geeignete Strategie, Freunde einzuladen, weil solche Einladungen oft auf geradezu magische Weise zu Absagen ausgerechnet für den fraglichen Zeitraum führen können, was eher frustriert. Es hilft dann, etwas zu tun, was einen in Anspruch nimmt und schon immer darauf wartete, gemacht zu werden.

Überhaupt hilft es im Leben weiter, immer beschäftigt zu sein, also Aufgaben zu haben, die zwar aufgeschoben, aber auch stets erledigt werden können. Von Online-Sprachkursen bis hin zum Sortieren von Akten ist die Welt, auch der eigene kleine Raum, voller Dinge, die getan werden wollen. Wenn ein Partner seinen eigenen, vom anderen Partner unabhängigen Teil seiner Lebenssphäre pflegt, kann der andere Partner die entsprechende eigene Sphäre beleben und Dinge tun, bei denen man bei aller Liebe den Partner nicht dabei haben möchte, weil er ablenkt, schlicht nichts beitragen kann oder auch schlicht andere stören würde.

Ein letztes Unbehagen daran, dass der andere Partner ohne einen selbst Sex hat, kann man dadurch beseitigen, dass man sich vor Augen führt, dass man selbst diese Möglichkeit ebenfalls hat. Der Bordellbesuch erfüllt hier doch eine Funktion, nämlich dass er es ermöglicht, diesen Umstand praktisch zu leben. Im Beispiel kann Annas Erstaunen über Stefans Bordellbesuch auch so gedeutet werden, dass sie ihn als Vorgehensweise empfand, mit der sich Stefan dieser Freiheit versicherte, und sie sich wunderte, ob er sich zu einem solchen experimentellen Beweis wirklich genötigt fühlte. Stefans Gefühl des Heimzahlens kann jedenfalls naheliegend als eine solche Vergewisserung von der eigenen Freiheit gedeutet werden.

Fragen, die Sie sich stellen können:

1. Wie können Sie dafür sorgen, dass Sie dann, wenn Sie sich allein fühlen, beschäftigt sind? Gibt es häufig etwas, womit Sie sich beschäftigen können, und was Ihnen Freude bereitet?

2. Welche Strategien verwenden Sie zum sexuellen Druckabbau, wenn Sie allein sind? Sprechen Sie mit Ihrem Partner oder Ihrer Partnerin darüber? Wie können Sie sie mit einem schönen Erlebnis verbinden?

3. Welche Handlungsweisen würden Sie Ihrem Partner oder Ihrer Partnerin empfehlen, wenn er oder sie sexuell Druck abbauen möchte, Sie aber nicht zur Verfügung stehen können?

Kapitel 10 – Eifersucht

Eifersucht schließlich beruht ebenso wie der Neid auf einem Vergleich. Ihr Fokus liegt aber nicht nur auf dem Wunsch, etwas zu erlangen, sondern auch auf der Angst, etwas zu verlieren. Im Kontext mit dem Swingen betrifft sie die Befürchtung, den Partner dadurch zu verlieren, dass er mit einem anderen Menschen Sex hat. Über Eifersucht ist vieles geschrieben und gesagt worden, so dass an dieser Stelle keine tiefgreifende Analyse erforderlich ist. Unter Swingern ist Eifersucht sehr wenig verbreitet. Ausgeprägt eifersüchtige Menschen würden alle Veranstaltungen und Ereignisse, die mit dem Swingen zu tun haben, von vornherein meiden.

Die mit der Eifersucht gepaarte Verlustangst ist zu unterscheiden von dem soeben ausführlich besprochenen Unwohlsein während einer vorübergehenden Abwesenheit. Sie geht tiefer und berührt das Urvertrauen des Menschen. Der Dreiklang aus Vergleich, enttäuschter Erwartungshaltung und Verlustangst kränkt, erzeugt das Gefühl einer Minderwertigkeit und kann auf diese Weise starke Wut auslösen. Bereits die Beschreibung zeigt, dass die Eifersucht in der eifersüchtigen Person ihre Wurzel hat und die Verantwortung für dieses Gefühl nicht bei den beiden anderen Menschen liegt, gegen die es sich richtet. Eifersucht wird bereits bei kleinen Kindern beobachtet und berührt deren Befürchtung, nicht ausreichend beschützt und ernährt zu werden. Sie heilt bei ihnen allerdings, wenn sie wieder

Zuwendung erfahren. Anders ist es zumeist bei Erwachsenen. Sie finden gleich zwei Menschen, denen eine Schuld zugeschrieben werden kann. Die Eifersucht muss somit nicht als selbst verursacht angesehen, sondern ihre Zuschreibung kann auf die anderen Beteiligten ausgelagert werden, so dass sich die mit ihr verbundene Wut auch auf sie richten kann. Gerade die wütenden Reaktionen lassen Eifersucht daher gefährlich erscheinen. Die Aufarbeitung von Erfahrungen aus der eigenen Vergangenheit wird hierdurch blockiert, und die negativen Selbstzuschreibungen werden verstärkt.

Eifersucht ist daher in Swinger-Kreisen verpönt. Wer sie zeigt, findet kein Verständnis, sondern wird als unerwünscht oder sogar gefährlich wahrgenommen und gemieden. Offen eifersüchtiges Verhalten stellt in Swingerclubs einen Grund zu der sofortigen Aufforderung zum Verlassen dar. Eifersüchtige Menschen werden als unreif, unreflektiert, unkontrolliert und zuweilen auch albern empfunden und sollten, wenn sie ihre Gefühle nicht unter Kontrolle bringen können, andere Kreise für ihre Freizeit suchen.

Wenn plötzlich oder auch schleichend Eifersucht aufflammt, sollten sich Betroffene dieses Gefühl für sich und ohne aggressives Handeln gegen andere zulassen. Eifersucht schmerzt, und Betroffene möchten, wie jeder Mensch, keinen Schmerz empfinden. Sie möchten ihrer Eifersucht und somit der auslösenden Situation und des Umganges damit Herr werden können. Dies ist möglich. Sie sollten sich sofort bewusst machen, dass es ihr eigener Vergleich, ihre eigene Angst und ihr eigenes Minderwertigkeitsgefühl ist, das sie in dieses Gefühl hinein treibt. Sodann sollten sie die Ursache für dieses Gefühl ergründen und auf keinen Fall erwarten oder fordern, dass sich der Spalt zwischen selbst definiertem Anspruch und der Wirklichkeit rasch schließt. Größere Aufmerksamkeit einzufordern bedarf, um erfolgreich zu sein, eines Fingerspitzengefühls, das ein wütender Mensch nicht an den Tag legen kann. Was helfen kann, ist eine Verlagerung des Vergleichens und ein Faktencheck. Wer mit seinem Körper nicht zufrieden ist, mag andere Menschen suchen, die nicht schön, aber geliebt sind. Wer meint, ihm fehle es an Macht, Status oder Charisma, mag ebenfalls anhand konkreter anderer Menschen einen Vergleich nach unten anstreben und überlegen, ob diese Zuschreibungen wirklich Erfolgsfaktoren beim Erlangen von Liebe und Aufmerksamkeit darstellen. Wer meint, vom Partner vernachlässigt oder drangsaliert zu werden, sollte überlegen, ob es der Partner wirklich schlecht mit einem meint.

All diese Überlegungen widerlegen dann, wenn sie mit immer anderen Reflexionen wiederholt werden, das eigene Denkmuster, ein Angriff anderer Personen führe zu einer Gefahr des Verlustes wirklich wichtiger Positionen. Sie können andererseits auch dazu geeignet sein, ein in einer eigenen Liebesbeziehung schleichendes Gift offenzulegen.

Fragen, die Sie sich stellen können:

1. Haben Sie die Befürchtung, dass sich der eigene Partner oder die eigene Partnerin von Ihnen abwendet, wenn der Sex mit anderen Menschen ihm oder ihr Freude bereitet?

2. Glauben Sie, dass sich Partner füreinander hauptsächlich deshalb entscheiden, weil sie mit keiner anderen Person besseren Sex erwarten?

3. Sind Sie der Auffassung, dass Sie ein Bestimmungsrecht über die Geschlechtsorgane Ihres Partners oder Ihrer Partnerin besitzen?

4. Was halten Sie von Hausfrauen, die nicht an ihre eigenen Kochkünste glauben und es daher ihren Männern verbieten, woanders zu essen, damit sie ihre Männer nicht an ein Restaurant verlieren, wo das Essen besser schmecken könnte? Sehen Sie Parallelen zum Sex?

5. Stimmen diese Haltungen mit Ihren übrigen Ansichten über die Funktion und das Gewicht von Sex in zwischenmenschlichen Beziehungen überein?

Niemand, auch nicht der eigene Partner, genießt das Recht, unbefristet und unbeschränkt über einen anderen Menschen zu verfügen. Die Freiheit eines Partners ist auch die eigene Freiheit, und Vorgaben sind nur im Einvernehmen tolerabel und ansonsten übergriffig. Gerade erfahrene Paare, die Dominanz-Submissions-Beziehungen im BDSM-Zusammenhang lange und erfolgreich leben, kennen die Grenzen des jeweils anderen entgegen jeder Vorstellung sehr genau. Der dominante Part schafft tiefes Vertrauen dadurch, dass er die vielen kleinen, oft unausgesprochenen Grenzen des submissiven Parts kennt und genau einhält, obwohl er sie mit prinzipiell verabredeter Gewalt überwinden könnte. Der submissive Part achtet hingegen darauf, die so ausgeübte Sorge des dominanten Parts und damit auch den geliebten Menschen selbst nicht durch die uferlose Übertragung von Verantwortung zu überfordern. Bei solchen Paaren fällt regelmäßig auf, dass sie sich außerhalb ihres Spiels absolut auf Augenhöhe und mit tiefem Respekt begegnen. Dies gilt nicht nur für echte Paare im Sinne einer Lebensgemeinschaft, sondern auch für langjährige Spielpartner im BDSM-Bereich.

Diese Paare sind aber auch ein beispielhafter Beleg dafür, dass jede übergriffige Einforderung von Zuneigung nicht notwendig ist, um eine tiefgehende Beziehung zu führen, und zwar selbst dann, wenn sich die Partner das Eingeforderte einfach nehmen könnten. Da Eifersucht schmerzt, sollte man sie aus der sexuellen Beziehung, so gut es geht, heraushalten.

Kapitel 11 – Die Grundeinstellung, mit der Swingen wirklich nicht funktioniert

Wem ist also wirklich vom Swingen abzuraten?

Menschen, die aus klassischen oder romantischen Glaubenssätzen heraus meinen, die Monogamie sei die einzig wahrhaftige Beziehungsform, können ihre Auffassung nach eigener Widerlegung oder Widerspruch anderer ändern.

Besorgte, neidische und eifersüchtige Menschen können durch ausreichende Kontrolle, Selbstreflexion und Infragestellen von Vergleichen mit anderen ihre belastenden Gefühle mildern oder beheben. Sie haben vielleicht einen langen Weg vor sich, aber viele Swinger sind diesen Weg schon einmal gegangen.

Wirklich hinderlich ist eine tiefe Überzeugung von einer Rationierung des Guten, der Glaube an ein Quotensystem des Glücks.

Sex ist - anders als Geld oder Autos - kein verknapptes Wirtschaftsgut. Sie müssen nicht von einer sinnbildlichen Torte, die sich nicht vergrößern lässt, das möglichst fetteste Stück abgreifen. Beim Sex geht es Swingern somit nicht darum, welchen Sex andere haben.

Jeder Mensch hat Glaubenssätze, von denen er meint, sie seien unerschütterlich. Wer an ein Quotensystem des Glücks glaubt, ist der grundlegenden Auffassung:

„Die Welt ist ein Kuchen, dessen Größe sich niemals ändern kann, und jeder muss zusehen, möglichst viel davon abzubekommen,"

sowie

„Alles, was Leute machen, dient letztendlich dem Zweck, das eigene Tortenstück zu vergrößern."

Diese Glaubenssätze sind in der Ökonomie widerlegt. Bei vielen Menschen sind sie dennoch tief eingeprägt, etwa wegen traumatisierender Armut als Kind.

Sie prägen Menschen, die sich nicht über Erfolge anderer Menschen freuen können.

Bevor Menschen eine offene Beziehung eingehen oder sich entscheiden, Swinger zu werden, sollten sie selbstkritisch überlegen, ob sie glauben, dass einer der beiden genannten Sätze auch nur im Ansatz richtig ist. Ist man der Überzeugung, sie bejahen zu können, sollte man besser monogam bleiben. Alles andere zerstört dann die Beziehung. Es fehlt schlicht die Fähigkeit zu glauben, dass man gemeinsam mit anderen den Kuchen erweitern kann, ohne anderen etwas wegzunehmen, und dass zum Schluss alle mit einem vergrößerten Kuchen einen Gewinn erzielen können.

Teil 2
Das Lebensmodell des Swingens

Kapitel 12 – Swingen ist mehr als Offenheit

In den vorangegangenen Kapiteln wurde dargestellt, weshalb es keinen zwingenden Grund gibt, eine Beziehung exklusiv und geschlossen zu belassen. Dies bedeutet nicht zugleich, dass Menschen den Schritt gehen müssen, diese Offenheit auch zu nutzen oder sogar aktiv auszuleben.

Dagegen, einen offenen sexuellen Lebensstil auch praktisch auszuleben, sprechen zahlreiche Gründe, selbst wenn man jemand ist, der oder die den Aussagen der vorangegangenen Kapitel zustimmen kann. Es ist denkbar, der eigenen Partnerin oder dem eigenen Partner nicht mit Groll zu begegnen, wenn er oder sie mit anderen Menschen sexuell verkehrt. Es ist auch denkbar, es aus Bequemlichkeit oder Gewohnheit bei dem einen Menschen zu belassen, mit dem man intim wird. Vorwerfbar ist dies keinesfalls. Es wäre widersinnig, einerseits gegen Zwänge zu argumentieren und einer Freiheit das Wort zu reden und andererseits Menschen vorzuschreiben, ein Leben zu führen, das vorhandene Freiheiten maximal ausnutzt.

Dieser Gesichtspunkt einer Freiheit ist auch bei anderen, teils mühsam historisch erkämpften Rechten anerkannt. Die Meinungsfreiheit beinhaltet auch das Recht, keine Meinung zu einem bestimmten oder auch zu vielen Themen zu haben, oder die Meinung schlicht nicht zu äußern. Religionsfreiheit beinhaltet auch das Recht, keine Religion zu haben oder zu praktizieren. Und die Freizügigkeit, also das Recht, sich überall in einem Gebiet aufzuhalten, an einem beliebigen Ort zu wohnen und zu arbeiten, bedeutet nicht, dass Menschen nur deshalb gezwungen wären, in den Urlaub zu fahren oder umzuziehen. Ebenso bedeutet sexuelle Freiheit auch, mit nur einem Menschen sexuell aktiv zu werden, oder sogar überhaupt nicht.

Vielleicht haben Sie anhand der vorangegangenen Kapitel und auch der vorgeschlagenen Reflexionsfragen festgestellt, dass dasjenige, was dort steht, zwar richtig sein mag, Sie allerdings aus nicht vorwerfbarer Bequemlichkeit oder mangels eines besonderen Bedürfnisses nicht unbedingt Swingerin oder Swinger sein möchten. Dies ist völlig in Ordnung. Da Sie dieses Buch aber lesen, mag es sein, dass Sie dennoch Interesse daran haben, was Swinger umtreibt, und mit welchen Modellen von Beziehungen sie leben. Sie dürfen also aus Neugier und selbstverständlich auch aus Interesse in eigener Sache weiterlesen.

Was nämlich in den folgenden Kapiteln beschrieben werden soll, bezieht sich speziell auf das Beziehungsverständnis, das viele Swinger haben. Was „Swinger" bedeutet, wird dabei näher beleuchtet, einschließlich der Auswirkungen auf eine existierende Beziehung, die Partnersuche und das Verständnis von Partnerschaft. Es werden dann einige Abgrenzungen notwendig sein, nämlich von der Polyamorie und von dem, was man „Don't ask, don't tell" nennt, und auch vom betrügerischen Fremdgehen.

Die deutschsprachige Wikipedia definiert Swinger als „Menschen, die – im weitesten Sinne – ihre Sexualität unter Umständen mit verschiedenen Partnern ausleben oder zur Schau stellen. Swinger leben somit nicht in einer monogamen Partnerschaft, sondern haben (im gegenseitigen Einverständnis) sexuelle Kontakte mit anderen, unter Umständen fremden Personen."

Mit Ausnahme der Aussage des Erlebens der Sexualität mit verschiedenen Partnern beruht diese Definition auf einer Verneinung. Die monosexuelle Partnerschaft ist offenbar der derart stark verbreitete Normalfall, dass selbst im Hauptteil der Definition des Begriffs „Swinger" klargestellt werden muss, dass das Beschriebene eine Abweichung von diesem Normalfall darstellt. Diese Abweichung wird als dermaßen charakteristisch für das Beschriebene angesehen, dass es nicht ausreicht, darauf in der weiteren Erläuterung einzugehen.

Ist das, was das Swingen und die Menschen, die es praktizieren, ausmacht, wirklich auf die Abweichung von einer Norm reduzierbar? Handelt es sich um eine Subkultur, die sich in Wirklichkeit nur hierdurch auszeichnet? Oder würde diese Unterstellung ebenso unpassend sein wie eine Definition, Punks hätten sich im Kern durch eine nicht dem Massengeschmack entsprechende Frisur ausgezeichnet?

In der Tat geht das Swingen darüber hinaus, dass Sexualität schlicht mit mehreren als mit einem Menschen stattfindet. Wäre es anders, würde es sich in der Tat um eine reine Beliebigkeit handeln, die den Aufwand, einen Konsens aufzubrechen, der immer noch von den meisten Menschen als Selbstverständlichkeit angesehen wird.

Roland hatte in Norddeutschland zu tun. Er ist fest liiert, lebt aber als Swinger und in einer offenen Beziehung. Seine Partnerin konnte ihn aus beruflichen Gründen nicht begleiten. Roland entschloss sich, als Solo-Mann einen örtlichen Swingerclub zu besuchen.

Er fand einen nett eingerichteten und ausgestatteten Club mit ebenso freundlichen Besucherinnen und Besuchern vor. Die meisten von ihnen kamen nicht nur aus der Umgebung, sondern sogar aus dem Ort, in dem sich der Swingerclub befand. Es war ein warmer Sommerabend, und so saßen die meisten Gäste auf der Terrasse. Für Mitternacht war eine kleine Show mit Fackeln angesagt.

Als Roland sich eine halbe Stunde zuvor mit seiner Sitznachbarin unterhielt, fragte sie ihn, ob er eigentlich schon einen Orgasmus gehabt habe. Roland verneinte, und sie antwortete, dann hätten beide ja noch eine halbe Stunde Zeit, nahm Roland an die Hand und geleitete ihn in einen der Bereiche des Clubs, die auch „Matte" oder „Spielwiese" genannt werden. Beide hatten Sex, und die freundliche und auch sehr erregte vorherige Sitznachbarin brachte Roland auch zum Höhepunkt.

Zurück auf der Terrasse stellte sie Roland einem anderen männlichen Gast vor, mit dem sie nach ihrer Aussage bereits zuvor an dem Abend Sex gehabt hätte, wie auch schon zuvor öfter. „Sein Sohn geht übrigens bei mir in die Klasse", bemerkte sie beiläufig. Das Thema wechselte rasch auf ihren

Berufsalltag als örtliche Gymnasiallehrerin und dann auf Einzelheiten der Schule, denen Roland nicht mehr folgen konnte und musste. Auch von anderen Gäste hatte Roland Gesprächsfetzen wie „Sollen wir Dienstag mal die Ute im Krankenhaus besuchen, der geht es wieder besser" oder „Fährst du am Donnerstag die Kinder" aufgeschnappt. Die Atmosphäre auf der Terrasse, vor dem Grill, ähnelte derjenigen eines örtlichen Feuerwehr- oder Schrebergartenvereins. Allerdings hatten sehr viele der Anwesenden irgendwann schon einmal oder auch häufig miteinander Sex gehabt.

Roland entschied sich, mit dem Taxi zu seinem Hotel zurückzufahren. Der Taxifahrer fragte, wie es in dem Club verlaufen sei, und erläuterte, an welchen Tagen und zu welchen Partyformaten es sich aus seiner Sicht am meisten lohne. Leider sei er mit seiner Frau nicht so oft dort wie früher. Was er vor allem schätze sei, dass sie dort Freunde wiedertreffen würden, die sie teils bereits seit ihrer Schulzeit kennen.

Diese Geschichte ist ohne jegliche Übertreibung geschildert und bis in die Einzelheiten wahr - abgesehen von den Namen. Der Club musste leider aus wirtschaftlichen Gründen seine Pforten schließen, und der Ort, wo er sich befand, wird hier nicht genannt. Einige Leser werden vielleicht wissen, auf welchen Club angespielt wird. Zum Schutz der Beteiligten und der Ortsgemeinschaft sollten Vermutungen aber nicht hier schriftlich bestätigt werden.

Dies hat eher weniger mit den unmittelbaren Nachbarn der Besucher zu tun. Vielleicht würde es ein bestimmter Junge, wenn er in einem Alter ist, in dem er es begreift, äußerst befremdlich finden, dass seine Lehrerin öfter Sex mit seinem Vater hat. Andere Eltern derselben Schulklasse hätten vielleicht den Verdacht, dass die Pädagogin befangen gegenüber diesem Jungen ist, was sich nicht notwendig, hingegen in einem schlechten Fall zum Nachteil des eigenen Kindes auswirken könnte.

Von einigen Pädagogen ist aber auch die Befürchtung zu vernehmen, dass aus ihrer eigenen sexuellen Offenheit gegenüber anderen Menschen auf eine mangelnde berufliche Eignung geschlossen wird, teils sogar eine Gefahr für die eigenen und allgemein für Kinder. Rational begründbar ist dies nicht. Wer mit Vätern Sex hat, keine Kinderschänderin. Begründbar wären diese Befürchtungen nur mit einer unterstellten Annahme, hinter jeder sexuellen Abweichung von der mehrheitlich vertretenen Norm lauere die Gefahr, dass auch andere, möglicherweise gefährlichere sexuellen Neigungen in der Person verborgen sein könnten. Diese Befürchtung ist ohne jedwede Grundlage.

Insofern besteht für einige Menschen aus beruflichen Gründen ein Anlass, sich nicht gegenüber der gesamten Welt als Swinger darzustellen. Unter Swingern bestehen solche Bedenken hingegen nicht, wie sich eindrücklich anhand des überhaupt nicht ungewöhnlichen Beispiels des Vaters zeigt, der mit der Lehrerin seines Sohnes Sex hat, weil beide in derselben Stadt denselben Club besuchen. Zugleich dürfen aber andere Menschen nicht geheim halten, dass sie

Swingerinnen oder Swinger sind, und zwar alle Berufsträger, die auf keinen Fall erpressbar sein dürfen. Menschen in entsprechenden Positionen im öffentlichen Dienst oder in insofern vulnerablen Positionen in privatwirtschaftlichen Unternehmen sind daher gut beraten, unter Swingern nicht den Eindruck zu erwecken, dass sie etwas zu verbergen hätten. Zugleich sollten sie darauf achten, dass keine persönlichen Beziehungen vorhanden sind, für deren Weiterbestehen es eine Katastrophe darstellen würde, wenn das Swingen offenbart würde. Lässt sich dies plausibel darlegen, besteht kein Raum für Erpressungen, und das entsprechende Element der Freizeitgestaltung kann dann - auch aus rechtlichen Gründen - nicht gegen die Swingerin oder den Swinger verwendet werden. Dass man zugleich die eigenen sexuellen Vorlieben und Betätigungen im beruflichen Bereich und auch in Teilen des privaten Bereichs nicht thematisiert, steht auf einem anderen Blatt. Es ist ebenso selbstverständlich. Die meisten Menschen thematisieren auch nicht in einem breiten Umfeld, welche Stellungen sie beim Geschlechtsverkehr bevorzugen und tatsächlich praktizieren.

Allgemein ist dringend davon abzuraten, zu swingen, ohne dass die Partnerin oder der Partner voll darin eingeweiht ist. Menschen, bei denen der Eindruck besteht, dass sie im klassischen Sinne fremdgehen, unter Swingern nicht gern gesehene Spielgefährtinnen und -gefährten. Derartige Eindrücke machen in den Kreisen durchaus, wie man es so passend ausdrückt, die Runde. Es kann rasch geschehen, dass jemand, bei dem oder der sich der Eindruck verfestigt, sie oder er würde der Partnerin oder dem Partner etwas verheimlichen, Probleme bekommt, weiteren Anschluss zu haben.

Denn entgegen demjenigen, was viele außerhalb der Szene vermuten würden, folgen die meisten Swinger einer partnerschaftlichen und sozialen Ethik, die den allgemein verbreiteten Wertmaßstäben sehr ähnlich ist. Hierzu gehört vor allem die allgemeine ethische Anforderung, dass man sich in einer Partnerschaft nicht betrügt. Als Betrug würde hier das Vorgaukeln einer eigenen monogamen Lebensweise gegenüber dem Partner oder der Partnerin angesehen, während in Wirklichkeit gelegentlich oder sogar häufig geswingt würde. Ein weiteres Element der verbreiteten Ethik ist die Forderung, auch innerhalb der Szene und vor allem gegenüber Sexpartnerinnen und -partnern keine Lügen aufzutischen. Insgesamt lässt sich diese Ethik dahin gehend zusammenfassen, dass Lügen in essentiellen Dingen als Ausdruck einer den Charakter prägenden Verlogenheit begriffen und dementsprechend nicht geschätzt werden, weil man selbst oder Menschen, die einem wichtig sind, die folgenden Geschädigten einer solchen Handlungsmaxime werden könnten.

Denn ein gängiges Vorurteil über Swinger trifft nicht zu: Ihnen sind sehr oft ihre Sexualpartner nicht egal.

Worum geht es? Es geht darum, anderen Menschen als Sexpartner begegnen zu können. Nicht nur heimlich, sondern offen auf sie zu stehen und ihnen dies zu zeigen und das Begehren auszuleben. Es geht um die Freude daran, andere Menschen zu befriedigen. Es bereitet Genuss, dabei zuzuschauen, wie sie in höchste Glücksmomente kommen, in dem Wissen, dass man sie selbst dahin geführt hat.

Es geht um Neugier auf andere Menschen, wie sie sich anfühlen, wie sie schmecken. Andere Menschen sind wunderbar. Es ist eine Freude, sie zu spüren, ihren Körpern nahe zu sein, ihre schönen Gesichter zu sehen und sie dann intensiv und liebevoll zu küssen.

Es geht um eine schöne Art, Menschen nahezukommen. Man kann oft nach dem Sex in einem Kontakt bleiben, wenn alle Beteiligten es möchten. Daraus entstehen manchmal Freundschaften fürs Leben.

Es geht um Hormone, die das wunderschöne Gefühl auslösen, das entsteht, wenn man inmitten zwischen mehreren Körpern ist. Es ist schön, zwischen Menschen zu liegen, die alle so erregt sind, dass ein Blick, ein Lächeln, ein Kuss genügen, um Hand, Mund und die Mitte des Körpers an der richtigen Stelle eines anderen Menschen sein zu lassen. Ohne auch nur den Namen kennen zu müssen.

Es geht um die Offenheit, Menschen, die man sieht und die man attraktiv findet, dies auch zu zeigen und ihnen glasklar sagen zu können, dass man Sex mit ihnen möchte. Es geht darum, als Frau oder Mann andere Menschen zu treffen, und es ist kein Geheimnis, dass dies nur dem Sex dient. Nicht um kluge Gespräche oder Essen, Trinken oder Tanzen. Es geht um Sex, und alle treffen sich dafür. Niemand braucht mehr so zu tun, als würde sie oder er nicht dorthin gehen mit dem alleinigen oder fast alleinigen Ziel, Sex zu haben.

Es geht um ein Gefühl der Freiheit und – in einem positiven Sinne – der damit verbundenen Macht. In der Partnerschaft bleiben wir dennoch oder sogar gerade deshalb zusammen. Es geht nicht um Macht über andere, sondern die Macht, keinen sexuellen Druck ausgesetzt zu sein. Es ist die Macht, Sex zu haben, mit wem man möchte. Es ist die Macht, nicht einem Zwang zu unterliegen, den andere einfach als unvermeidlich annehmen.

Sex in all seinen Spielarten ist daher ein wunderschönes Hobby. Menschen sind so geschaffen, dass sie Sex angenehm finden. Wir sind Menschen und können es genießen. Wir arbeiten beruflich nur mit dem Kopf und versinken zum Ausgleich in diesen Rausch. In einer rein monogamen Beziehung würde uns dies verwehrt bleiben.

Kapitel 13 – Der Punkt ohne Wiederkehr

Es gibt bestimmte Erlebnisse und Erfahrungen, die Menschen und ihre Absichten für immer verändern. Solche Erlebnisse sind ein wenig mit einer Geburt vergleichbar - nicht hinsichtlich ihrer Allmacht über das Leben eines Menschen, sondern wegen der Unumkehrbarkeit eines Fortschritts.

Einen vielleicht zulässigen Vergleich stellt ein nächtlicher Langstreckenflug in der Businessclass dar. Wer einmal mit der entsprechenden Fürsorge und vor allem in einem vollständig ausziehbaren Bett auf diese Weise gereist ist, wird in der Economy keine Freude mehr finden. Menschen, die diese Erfahrung niemals gemacht haben, vermissen nichts. Wer allerdings festgestellt hat, dass bestimmte Mühen nicht notwendig sind, nimmt sie ungern wieder auf sich.

Die Entscheidung, sich auf das Swingen in einer geöffneten Beziehung einzulassen, kann nach aller Erfahrung auf eine ähnliche Weise nicht rückgängig gemacht werden – vor allem dann, wenn sie mit dem Wissen gekoppelt ist, dass es nicht der Beziehung selbst schaden muss. Die Option, die eigene Sexualität unbeschadet mit Menschen zu leben, gibt niemand mehr auf, der oder die sie kennengelernt hat.

Es gibt durchaus Swinger, die das Swingen für eine Zeitlang, oder manchmal auch für mehrere Jahre, einstellen und sich auf ihre Familie oder auch einen neuen Partner oder eine neue

Partnerin einstellen. Die meisten kehren irgendwann, wenn auch nach einigen Jahren, zum Swingen zurück, und finden sich auch rasch wieder ein.

Eine Parallele zu einem Suchtverhalten kann gezogen werden. Zahlreiche Swinger berichten, dass sie ihre Neigung in einigen Hinsichten auch als Sucht empfinden und sich selbst in dieser Weise wahrnehmen. Dennoch bestehen Unterschiede zu stofflichen und auch nicht stofflichen Süchten.

Suchtcharakter weist das Swingen insofern auf, als es eine berauschende Wirkung entfaltet. Auf diese berauschende Wirkung wird noch weiter unten eingegangen. Sex, wie er im Swingerzusammenhang stattfindet, entfaltet eine massive berauschende Wirkung, die je nach den vorhandenen Rahmenbedingungen, dem konkreten Ablauf und natürlich dem jeweiligen Spielpartner und den jeweiligen Spielpartnern bis hin in das Gefühl vollständigen Erfülltseins münden kann. Zudem wird ein Suchtgedächtnis ausgebildet, was bedeutet, dass das Gehirn bis hin zum Verstand rationale Wege findet, um den Menschen dazu zu bringen, das Verhalten weiterhin oder wieder auszuüben, das die Sucht auslöst. Es gibt sogenannte Trigger, die die Erlebnisse wieder aktuell machen und Menschen dazu bringen, sie wieder anzustreben.

Ein wesentlicher und entscheidender Unterschied zu stofflichen Süchten wie dem Alkoholismus und nicht-stofflichen Süchten wie einer Spielsucht besteht darin, dass das Swingen nicht einer steten Steigerung bedarf, um als befriedigend empfunden zu werden. Es besteht ein Punkt des Rausches, bei dessen Erreichen das Erlebnis als ausreichend und vollständig befriedigend empfunden wird, und der sich nicht verschiebt. Zwar machen gerade Einsteiger oftmals die Erfahrung, dass sie beim Swingen sexuelle Erlebnisse haben, die sie in monogamen Partnerschaften niemals hatten. Sie ahnten nicht einmal, dass solche Erlebnisse überhaupt existieren. Insofern kann die Lust, die sie selbst verspüren, unter Umständen von ihnen als schockierend erlebt werden. Haben sie all diese Erfahrungen allerdings einmal gesammelt, suchen sie nicht mehr nach immer stärkeren oder neueren Kicks, sondern finden eine Balance, die sie als angenehm empfinden.

Ein weiterer gravierender Unterschied zu Süchten oder, je nach Betrachtungsweise, anderen Süchten besteht in der Unschädlichkeit für den Körper. Im Gegenteil ist Sex äußerst gesund für den Körper und auch für die Psyche. Ausführlicher Sex entspricht einer ausgiebigen sportlichen Betätigung, und ist für zahlreiche körperliche Funktionen und Organe fördernd. Mangels vertieften medizinischen Wissens sollen hier keine vertieften Behauptungen aufgestellt werden. Dass Sex ungesund sei, behaupten jedenfalls gegenwärtig keine Mediziner, und entsprechende Behauptungen aus der Zeit des 19. Jahrhunderts beruhten auf keiner irgendwie tragfähigen wissenschaftlichen Grundlage. Dass Menschen, die viel Sex erleben, insgesamt ausgeglichener sind, ist eine über Jahre von vielen Menschen gemachte Beobachtung.

Anders als klassische Süchte führt Swingen auch nicht zu sozialer Isolation oder einem gesellschaftlichen Absturz. Deutlich wird dies anhand der Überlegung, dass ein freundlicheres kurzfristig angelegtes Verhalten gegenüber einem anderen Menschen, als mit ihm Sex zu haben, wohl kaum denkbar ist. Leben zu retten entspricht einer Verpflichtung aller Menschen untereinander, und ein Zusammenleben und aufopfernde Fürsorge sind Ausdrucksformen von, und Handlungsweisen in, langfristigen Beziehungen.

Intensiver Sex als Form der innigen, unmittelbaren, sofort wirkenden Begegnung ist ein großes Geschenk, das sich Menschen machen können. Es beschenkt sich selbst, wer sich in die Lage bringt, vielen und auch unbekannten Menschen dieses Geschenk zuteilwerden zu lassen, und diese Menschen werden selbst reichlich beschenkt sein.

Der Charakter des Swingens als unschädliche Sucht bringt es also mit sich, dass vielleicht nicht beim allerersten Erlebnis dieser Art, aber nach einigen Malen ein „point of no return" erreicht ist, den man auch als solchen akzeptieren sollte.

Hierin liegt der Grund, dass Swinger überwiegend sagen, dass man nach Erreichen dieses Punktes sinnvollerweise seine Partnerin oder seinen Partner in der sogenannten Szene sucht. Mit Menschen, die nicht Swinger sind, eine Partnerschaft einzugehen und dann die Hoffnung zu hegen, sie gleichsam zu konvertieren oder zu verführen, ist ethisch und auch mit Blick auf die Durchführbarkeit dieses Plans zweifelhaft. Die neue Partnerschaft wäre gleich zu ihrem Anfang durch einen geheimen Vorbehalt belastet. Heimlich weiter zu swingen wäre Betrug und wäre auch bei den meisten anderen Swingern verpönt.

Wer Swinger wird, verliert zwar keine Freunde. Viele Freundschaften und erst Recht Partnerschaften können aber nur mit Gleichgesinnten stattfinden. Offene Beziehungen akzeptieren Freunde zwar, finden sie aber manchmal auch als skurril und fürchten möglicherweise, dass sie selbst plötzlich verführt werden sollen. Merkt ein Mensch, dass offene Beziehungen dem eigenen Bedürfnis entsprechen, sind geschlossene Beziehungen nicht mehr denkbar, weil etwas fehlen würde.

Lernt ein Swinger, gleich welchen Geschlechts, einen Menschen mit der Option auf eine Partnerschaft kennen, muss der Wunsch nach einer Fortsetzung des Lebensstils offengelegt werden, und dies geht gegenüber Nichtsahnenden, die fest an die Vorteile der Monogamie glauben, nicht. Man stelle sich vor, eine Frau lernt einen Mann kennen, und erzählt ihm irgendwann: „Du, ich habe da so ein Hobby, ich brezel mich gern so auf, dass ich geil gefunden werde, und lasse mich dann an einem Abend von drei bis vier Kerlen poppen." Allenfalls zehn Prozent denkbarer Partner, wahrscheinlich weniger, würden antworten: „Schön, das macht bestimmt viel Spaß, wo denn, nimmst du mich mal mit?"

Zu lesen war in einer einschlägigen Internetplattform auch das gelungene Meme einer Frau: „Der Tag, an dem ich auf die Frage, mit wie vielen ich schon Sex hatte, nur mit einem hysterischen Lachanfall antworten konnte." Diesen Tag erleben viele Menschen, die Swinger sind, bereits weit vor ihrem vierzigsten Geburtstag.

Kapitel 14 – Anders als Trivialsex

Alina dachte, sie habe sich auf alles eingestellt. Mit ihren 24 Jahren und ihrem gleichaltrigen festen Freund Marc besuchte sie nach langem Überlegen das erste Mal einen Swingerclub in der Nähe ihrer Heimatstadt. Beide hatten sich vorgenommen, ihr Sexleben ein wenig aufzupeppen, und einmal einen dieser unbekannten, etwas verbotenen Orte zu besuchen. Sie hatten sich bereits ein Profil im Portal „Joyclub" angelegt, über das die Anmeldungen zu vielen Clubs laufen, und sich in die verschiedenen Themen eingelesen. An einem Samstag war es soweit. Sie hatten sich für eine Party mit einer Altersgrenze entschieden, weil sie nicht mit dem Sex ganz alter Menschen konfrontiert werden wollten. Erwartungsvoll und neugierig fuhren sie zu dem Club und fanden sich in einer gemütlichen Atmosphäre wieder.

Es war während der Corona-Zeit, und pandemiebedingt galten für die Clubs Auflagen. Die Auflagen für den Club, den die beiden nun besuchten, erfuhren sie erst nach dem Eintreffen. Es war unter anderem höchstens gestattet, dass zehn Personen in einem Raum Sex hatten. Sie mussten sich unter Angabe ihrer Gästenummer, die alle Gäste am Eingang erhielten, für einen Raum registrieren und erhielten dann einen Schlüssel.

Die Regel führte nun rasch dazu, dass einzelne Gäste Zehnergruppen zusammenstellten, um die maximale Belegung auszunutzen. Auch Alina und Marc fanden sich rasch in einer solchen Gruppe wieder, und die Gruppendynamik führte dazu, dass sie gemeinsam mit den anderen in den Raum gingen, sich am Rande der riesigen Liegefläche auszogen und den anderen Anwesenden zuwandten.

Alina lehnte sich zurück und fand sich zwischen zwei Männern wieder, die langsam begannen, sie zu berühren und sich an ihrem Körper vorzutasten. Sie spürte ihre Erregung und ertastete die Schwänze der Männer. Zwischen ihren Beinen berührte einer der Männer ihre Vulva, und sie spürte, wie der andere ihre Brustwarzen küsste und leicht an ihnen saugte. Die Hand zwischen ihren Beinen bewegte sich fester, und sie fühlte zunächst einen, dann zwei Finger in ihrer Vagina, die mit festen und immer rascheren Bewegungen massiert wurde. Ein Handballen pochte in einem regelmäßigen Rhythmus auf der Spitze ihrer Klitoris. Sie bemerkte einen leichten Druck, der sich ein wenig wie Harndrang anfühlte, und schloss die Augen. So viele Hände und Münder spielten mit ihrer Brust, ihrem Hals und ihrem Nacken, dass sie nur noch in dieses Gefühl versank. Ihr Becken kribbelte immer mehr, und spannte sich angenehm an, bis sie etwas erlebte, was sie später als Vulkanausbruch beschrieb. Ihre Beine zitterten, ihr Körper bebte, ihr Puls raste, und in alle Richtungen drang ein intensives Gefühl durch sie, das sie laut schreien ließ und ihre jede Kontrolle nahm. In diesem Moment floss ein warmer Schwall Flüssigkeit aus ihrem Becken, sie fühlte sich erleichtert, triumphierend, sie hatte eine urtümliche Kraft entfesselt, und sie griff nach dem Körper einer dieser Menschen, denen sie sich schlagartig nahe fühlte, und die sie in diesem Moment nie wieder loslassen wollte.

In diesem Rausch atmete sie tief durch, sah als erstes die Decke des Raums, drehte leicht den Kopf, und sah einen lächelnden Mann an. Ein anderer Mann küsste sie auf den Mund, und sie erwiderte den Kuss, bis sie langsam wieder klarer wurde. Nach einigen weiteren Momenten war sie wieder ganz sie selbst, und ihr wurde bewusst, dass etwas sehr Ungewöhnliches geschehen war. Ihr Verstand suchte, fand aber keine Ordnung. Alina sprang auf, stolperte nach vorne, von der Matte herunter, und hielt sich an einer Fensterbank fest, die sich unmittelbar in der Nähe befand. Einer der Männer, die neben ihr gewesen waren, fragte, ob alles in Ordnung sei, und Alina keuchte: „Moment, Moment, ich muss erst einmal klarkommen." Sie drehte sich um und sah in verwunderte Gesichter einiger Männer und Frauen, die sich auch in dem Raum befanden. Eine Frau sprang auf, legte ihre Hand auf Alinas Schulter und fragte, ob wirklich alles in Ordnung sei, vielleicht würde Alina einen Schluck Wasser benötigen. Alina sah sich weiter um. Auf dem Tuch, das auf der Matte lag und auf das sie sich gelegt hatte, war eine größere Pfütze zu sehen. Weiter rechts befand sich Marc und vergnügte sich, ohne sich von Alina ablenken zu lassen, recht konzentriert mit einer Frau, die er von hinten nahm.

Alina rannte aus dem Raum und direkt unter eine nahe gelegene Dusche. Was Marc nun tat, war ihr zunächst gleichgültig.

In dieser – mit Ausnahme der Namen – bis in die Einzelheiten wahren Geschichte wurde von der schockierenden Überraschung erzählt, die gerade junge Frauen erleben können, die ihren eigenen Körper und die Tiefen ihrer

Sexualität noch nicht richtig erleben durften und mit Menschen zusammentreffen, die viel Erfahrung damit haben, wie man mit einer Frau zu ihrem Wohlergehen beim Sex umgehen kann. Alina hatte das erste Mal in ihrem Leben Sex mit zwei Männern. Es war das erste Mal, dass sie Sex mit Menschen hatte, deren Namen sie nicht kannte. Es war das erste Mal, dass sie einen Orgasmus erlebte. Zuvor hatte sie beim Sex angenehme Gefühlsschübe erlebt und gedacht, diese seien die so oft beschriebenen Orgasmen. Dass sie es nicht waren, und dass ein Orgasmus mit dieser Kraft und Überwältigung einhergeht, war ihr nicht bewusst gewesen. Es war das erste Mal, dass sie gesquirtet hatte, also eine weibliche Ejakulation erlebte. Es war das erste Mal, dass sie Sex mit einem Mann hatte, der nicht ihr Freund war. Und es war das erste Mal, dass sie Marc beim Sex mit einer anderen Frau sah und bemerkte, das er ihn genoss, ohne dass sie dabei irgendeine Rolle spielte.

Auch für die selbstbewussteste, hartgesottenste Frau ist dies alles auf einmal zu viel. Ihr Körper bereitet ihr mehrere Erlebnisse, von deren Möglichkeit sie nichts ahnte. Zugleich brach der Sinn aller Paarkonzepte, die ihr Märchen, Disney, Eltern, Freundinnen und Werke der trivialen und Ratgeberliteratur nahezubringen versuchten, in sich zusammen.

Es gibt bei Swingern keine richtige oder falsche Variante des Sex, solange er konsensual abläuft. Allerdings kennen praktisch alle diejenigen, die länger dabei sind, auch Variationen und Spielarten, die als härter eingeordnet werden. Nicht alle Swingerinnen und Swinger mögen diese Varianten freilich. Generationenübergreifend sind allerdings von denjenigen, die härtere Spielarten bevorzugen, Beschwerden über zu weiche und zu harmlose Spielpartner zu vernehmen, und der Markt bietet hier selbstverständlich auch etwas an. In einer Partyankündigung des Veranstalters Hot Hobby Events im deutschen Swingerportal „Joyclub" heißt es beispielsweise: [9]

„Harter Sex ist definitiv individuelle Definitionssache und gar nicht so einfach zu beschreiben. Was es jedoch nicht ist, ist Vanilla-Blümchen-Kuschelsex!

Es geht etwas schneller zur Sache, man benötigt nicht unbedingt wahnsinnig viel Vorlauf, ausgiebige Streicheleinheiten werden gestrichen und Küssen mag bei den einen dabei sein, bei den anderen nicht - aber wenn es dazugehört, dann so, dass man den Kuss auch richtig auf den Lippen spürt! Eine Hand greift bestimmt in die Haare, ein fester Griff am Arm und man spürt, wie sich Muskeln unter der Haut bewegen. Es wird heiß, scharf, intensiv…

Wir wollen Menschen zusammenbringen, die das obige oder eine Abwandlung davon lieben. Diese Feier konzentriert sich nicht auf Vielzahl von Interessen, sondern auf dieses eine Interesse. Also eher auf einen Sex-Typ - auch wenn dieser Typ doch recht unterschiedlich ausfallen kann!"

Dieser Text zeigt in einer anschaulichen Weise eine sehr weit verbreitete Haltung zu hartem Sex – und auch, welche Spielarten in einiger Bandbreite darunter verstanden werden können. Zu der betreffenden Party hatte sich bereits einen Monat, bevor sie stattfand, im Joyclub eine beträchtliche Zahl von Frauen und Männern angemeldet, wobei etwa die Hälfte unter dreißig Jahre alt war. Die weit verbreitete Vorstellung, dass Menschen unter vierzig für intensive sexuelle Erlebnisse und härtere Spielarten heutzutage entweder zu verklemmt oder zu spießig seien, trifft offenbar nicht zu.

Der Unterschied des Sex, den Swinger haben, einerseits zum Trivialsex andererseits besteht nicht im Härtegrad als solchem, sondern eher darin, dass die Spielenden, wenn sie erfahrene Swinger sind, ihren Körper und auch den Körper des anderen Geschlechts (wenn sie nicht rein homosexuell sind) überdurchschnittlich gut kennen. Sie können körperliche und auch unmittelbare psychische Ereignisse bei sich selbst und Spielpartnerinnen und Spielpartnern recht gut und mit wachsender Erfahrung immer zielsicherer einordnen und entsprechend reagieren oder sich selbst etwas Gutes tun.

Der bereits angesprochene „point of no return" hat auch etwas mit der auf diese Weise wachsenden Qualität des Sex zu tun. Menschen sind von Natur aus so veranlagt, dass sie Sex als angenehm empfinden, ansonsten wäre die Menschheit ausgestorben. Menschen, die Sex ablehnen oder als unwichtig oder unangenehm empfinden, haben, wenn nicht ausnahmsweise körperliche Probleme hierzu führen, stets ein psychisches Problem auf Grund schlechter Erfahrungen oder, was oft Ursache hierfür ist, eingeprägter falscher Glaubenssätze. Haben Menschen hingegen eine gewisse Qualität des Sex erlebt und auch gemeinsam mit einem Partner oder einer Partnerin regelmäßig erlebt, möchten sie dieses Niveau nicht mehr verlassen. Wegen der größeren Erfahrung und Bandbreite gibt es nur zwei Gruppen Menschen, deren

Angehörige mit hoher Wahrscheinlichkeit diese Qualität des Sex bieten können, und dies sind Swinger und Prostituierte.

Kapitel 15 – Die Rauschwirkung

Eine gewisse Rauschwirkung entfaltet jeder Sex. Fast alle Erwachsenen werden die Art von Orgasmus kennen, die nur einige Sekunden dauert, wie ein Stoß durch den Körper zuckt, oft einen lauten Schrei provoziert und pulsierend oder entspannend endet. Es folgt dann meist eine Phase der Erschöpfung und Müdigkeit, die sich tagsüber noch verdrängen lässt, am Abend oder in der Nacht hingegen oft in den Schlaf gleiten lässt. Diese Rauschwirkung des Sex ist nicht besonders überraschend und verändert den Menschen nicht nachhaltig. Ob man sie bei der Selbstbefriedigung erlebt oder mit einem anderen Menschen, hat für das sexuelle Empfinden keine besondere Bedeutung, sondern bietet allenfalls jeweils eine unterschiedliche soziale Erlebenstiefe.

Menschen, die sich auf das Swingen einlassen, erfahren manchmal nach der ersten, manchmal nach der dritten oder auch einer späteren Begegnung einen Rausch einer anders gearteten Art. Sie verlieben sich. Verbunden ist dieses Gefühl mit einem warmen, freudigen Gefühl im gesamten Körper, das sich unabhängig von einem Orgasmus ausbreitet und mit einem starken, fast überwältigenden Verlangen verbunden ist, dem anderen Menschen möglichst nahe zu sein. Man möchte den anderen Menschen packen und nicht loslassen und zugleich ganz sanft zu ihm zu sein.

Romantiker und Unaufgeklärte nennen dies die große Liebe, erfahrene Swingerinnen und Swinger hingegen Oxytocin. Das Gefühl der starken Verliebtheit und das Bedürfnis nach Nähe beruht selbstverständlich nicht auf einer einzigen biochemischen Ursache und ist auch nur begrenzt und auch nicht mit allen Partnern wiederholbar. Es beruht allerdings auf reiner Biochemie und wird maßgeblich durch Sex oder sexuelle Projektionen und nicht durch schicksalhafte Steuerungen höherer Mächte ausgelöst. Es gibt nichts jenseits von Himmel und Erde, was diese Gefühle auslöst. Es findet in einem selbst und zwischen den Partnern statt, die über bestimmte Pheromone in einen Austausch miteinander treten.

Die Entstehung dieser Gefühle in anderen Menschen kann auch provoziert werden. Intensive Zungenküsse, flächiger Körperkontakt oder auch schlicht tiefe und lustvolle Blicke sind Anfang und Begleiter des entsprechenden Sex, und die Dauer eines Zusammenseins mit einem warmen, intensiven Gefühl und des damit verbundenen Rausches verstärkt das Gefühl des Verliebtseins und auch der Bindung. Es mündet in der Vorstellung, diesen einen Menschen, mit dem man gerade so intensiv zu verschmelzen beginnt, niemals wieder loslassen zu wollen.

Dieses intensive und in seiner Schönheit nicht abstumpfende Gefühl hängt nur wenig damit zusammen, mit wem man es erlebt. Die Biochemie spielt eine entscheidende Rolle, und dabei ist der individuelle Körpergeruch des Gegenübers maßgeblicher, als es die sogenannten inneren Werte sind. Das Schicksal, das viele Menschen in unglücklichen Beziehungen erfahren, liegt in dem Gefühl der gleichsam magnetischen

Wirkung der Haut des anderen Menschen begründet, der körperliche Freude und zugleich ihr menschliches Schicksal bedeutet. Die in der Fläche beginnende und das gesamte Innere und alle Sinne und Nerven ergreifende Freude, die durch die höchstmögliche Nähe der Haut und das Verschmelzen zunächst des Wassers auf ihr bereitet, das immer wiederkehrende Gefühl der Einmaligkeit des Augenblicks, dem der Verstand erfolglos widerspricht, beraubt dem Verstand seine Kraft.

Mit wachsender Erfahrung aber löst sich der innere Widerspruch auf, in dem das Gefühl der Einmaligkeit des Augenblicks gegen das Wissen kämpft, dass dieses Erleben durchaus mehrfach und sogar mit verschiedenen Menschen entstehen kann. Die Einmaligkeit eines Menschen einerseits und die Möglichkeit, sie wiederholt zu erfahren, stehen nicht mehr in einem Widerspruch. Es handelt sich um die gleiche Erkenntnis wie diejenige von Eltern, dass sie in der Lage sind, mehrere Kinder zu lieben, oder von Liebhabern, die einen neuen Partner oder eine neue Partnerin ebenso lieben, wie sie dies mit der vorherigen Liebschaft taten.

Die Vielfalt der einmaligen Augenblicke eröffnet eine schöne und glückliche Welt. Sie ist kein Allheilmittel für Alltagssorgen und tiefgreifende Probleme und Belastungen. Sie gleicht andererseits zu einem großen Teil Nervosität und Angst aus, schafft Verbindungen mit vielen anderen Menschen, vor allem wenn sich aus Liebschaften auch Freundschaften entwickeln, und verschafft Selbstbewusstsein.

Vielen Swingern bedeutet die Erfahrung sehr viel, dass es hunderte Menschen gibt, die mit einem oder einer selbst auf die freundlichste und intensivste Weise zusammenkommen möchten, die kurzfristig zwischen Menschen denkbar ist, nämlich mit gemeinsamem Sex.

Wo Licht ist, ist auch Schatten, der nicht moralisch, sondern ebenso emotional begründet ist, und wer hoch schwebt, kann tief fallen. Zu Abstürzen und Ernüchterungsphasen wird noch ein Abschnitt folgen.

Kapitel 16 – Pheromone

In dem vorangegangenen Abschnitt war der Geruchssinn als Körperfunktion mit einer wesentlichen Bedeutung für das Entstehen einer Anziehungskraft zwischen Menschen beschrieben worden. Der eigene Körpergeruch ist dabei bekanntlich nicht ein unabwendbarer und damit schicksalhafter Umstand. Dies ist jedem Menschen bekannt, der sich gewaschen und einen Duft aufgelegt hat. Allerdings kann man auch einen künstlichen Duft je nach persönlicher Prägung angenehm, neutral oder abstoßend finden. Zudem gibt es Geruchsstoffe, die zwar gerochen werden, deren Auswertung durch das Gehirn aber nicht bis ins aktive Bewusstsein vordringt. Und diese Geruchsstoffe sind für die Frage, ob ein anderer Mensch als anziehend empfunden wird, entscheidend.

Genau diese nicht bewusst riechbaren und zugleich entscheidenden Geruchsstoffe lassen sich ebenfalls manipulieren. Entsprechende Flüssigkeiten werden in Zerstäuberflaschen im Handel vertrieben. Am bedeutsamsten und für Swinger am interessantesten sind dabei Pheromone. Es handelt sich um die Stoffe, die als Botenstoffe fungieren und geruchlos sind. Der Mensch nimmt sie wie andere Lebewesen unbewusst über die Nase wahr, allerdings anders als viele andere Lebewesen nicht über ein in der Nase befindliches Organ, das Jacobsonsches Organ genannt wird, sondern über spezielle Rezeptoren, die in die Riechschleimhaut integriert sind. Bestimmte Pheromone werden dabei für Männer, andere für Frauen vertrieben.

Einen streng wissenschaftlichen Nachweis für die Wirkung von Pheromonen gibt es nicht. Wenigstens konnte nachgewiesen werden, dass bestimmte Pheromone über die wenigen Rezeptoren, die der Mensch hat, tatsächlich vom Menschen wahrgenommen werden, wobei Unterschiede zwischen Männern und Frauen bestehen. Bisherige Untersuchungen der Wirkung dieser Wahrnehmung leiden allerdings bis jetzt unter dem systematischen Mangel, dass für ein bestimmtes Verhalten des Menschen, das sich in Experimenten zeigt, auch andere nicht ausschließbare Faktoren ausschlaggebend sein können, die ihrerseits nicht mit Pheromonen zu tun haben.

Erfahrungsgemäß wirken allerdings die recht teuren echten Pheromone tatsächlich, und die meisten hierzu vom Verfasser befragten Ärzte und Psychologen antworteten auch, dass sie diese Erfahrung nicht als reines Hirngespinst abtun würden. Nicht wenige Männer berichten, dass eine Partnerin, die nichts vom Gebrauch von Pheromonsprays wusste, genau an der Stelle, wo das Mittel aufgetragen wurde, schnupperten und den besonders guten Geruch ausdrücklich lobten.

Die Preise für echte Pheromone sind hoch, allerdings muss auch nur eine sehr kleine Menge verwendet werden, indem das Spray wie ein Eau de Parfum zerstäubt wird. Das Spray lässt sich am besten am Hals, hinter den Ohren, an den Handgelenken und oberhalb der Genitalien auftragen. Auf die

Kleidung gesprüht hält es am längsten, allerdings verfehlt es dann beim nackten Sex seine Wirkung.

Kapitel 17 – Absturz und Auffangen

Oben ist ausführlich beschrieben, wie der Rausch des gekonnten, intensiven Sex den Körper und die Seele erfassen kann. Wer hoch fliegt, kann tief fallen. Jeder Rausch hat ein Ende, und beim Sex endet er bei einigen mit dem Ausklang des Orgasmus, bei anderen wie ein Aufwachen aus einem Schlaf durch ein Zurückfinden in die Umgebung. Dieses Ende des Rausches ist zumeist etwas unangenehm. Mit dieser Art von Entzug kommt man am besten zurecht, wenn man nach dem Sex schlicht einschläft und die Phase im Schlaf überwindet. In einem Club, oder wenn man noch einen längeren Weg zurücklegen muss, ist das Schlafen eher keine gute Option oder stellt keine überhaupt vorhandene Möglichkeit dar.

Es mag für einige Menschen überraschend klingen, dass es viele Männer und Frauen gibt, die nach wirklich gutem Sex eine ausgesprochen schlechte Laune entwickeln. Diese Stimmungsänderung ist einem Kater nach intensivem Alkoholgenuss oder auch der empfundenen Leere nach der Fertigstellung eines mühsamen Vorhabens vergleichbar und beruht auf dem Abbau der Glücksbotenstoffe des Gehirns nach dem besonders befriedigenden Sex. Erreicht dieses Gefühl eine solche Stärke, dass die betroffene Person sie als belastend empfindet, und hat sie damit Krankheitswert, wird sie als Sexualfunktionsstörung mit der genauen Bezeichnung „postkoitale Dysphorie" eingeordnet. Sie kann sich in Form einer reinen Irritation, einer Betrübtheit, einer Traurigkeit, eines nicht bewusst durch den Verstand ausgelösten Schamgefühls oder auch als Aggression entäußern und bedarf der besonderen, auch vorbeugenden, Fürsorge eines Partners oder einer Partnerin. Viele Menschen, die sich in diesem Zustand wiederfinden, fallen vorübergehend in eine kindliche Erlebenswelt zurück und unterdrücken dies regelmäßig. Diejenigen, die ihre Gefühle offener zeigen und den so genannten Absturz stark empfinden, wimmern, heulen vor sich hin oder nörgeln. Der plötzliche Verlust an Nähe, den die Sexualpartnerin oder der Sexualpartner während des Sex geboten hatte, verbunden mit dem vielleicht noch vorhandenen Spiegel des sogenannten Kuschelhormons Oxytocin, der das Streben nach Nähe begünstigt, mag hier verstärkend wirken.

Wie vieles im Bereich der Sexualität ist dieser Absturz wissenschaftlich nur unzureichend erforscht. Bekannt ist allenfalls, dass Männer weitaus häufiger das starke Abfallen der Stimmung erleben als Frauen. Dies ist allerdings Statistik, die einzelnen Betroffenen weder im Moment des Empfindens hilft noch eine Voraussage erlaubt, ob und wann ein entsprechendes Erlebnis bevorsteht. Wegen der fehlenden wissenschaftlichen Durchdringung des Themas sind Erfahrungswerte, vor allem aus dem BDSM-Bereich, eher geeignet, um darzustellen, was möglicherweise getan werden kann, um dem Absturz vorzubeugen oder aber mit ihm umzugehen. Bei regelmäßigem entsprechendem Leiden sollte selbstverständlich eine Ärztin oder ein Arzt zu Rate gezogen werden.

Zu BDSM wird im zweiten Band mehr geschrieben werden. An dieser Stelle muss vor Augen geführt werden, dass es sich für diejenigen, die mit den Praktiken des BDSM erregbar sind, um die intensivste und vertrauteste Spielart des Sexuellen und allgemein des Beisammenseins handelt. Die intensiven Gefühle, die beim submissiven Part erzeugt werden, werden als „Subspace" bezeichnet und können als starkes und zugleich erwünschtes Entrücken aus dem gewöhnlichen Gefühlsgleichgewicht bezeichnet werden. Sie finden auf anderer Ebene statt, sind allerdings in ihrer Extremität dem Erleben auf Achterbahnen, beim Bungee-Jumping oder während eines Fallschirmsprungs mindestens vergleichbar. Abstürze sind beim BDSM, anders als bei den genannten Freizeitaktivitäten, zwar nicht potentiell gesundheitsgefährdend oder gar tödlich, aber emotional besonders extrem.

Das Gegenmittel zum Absturz ist das so genannte Auffangen. Es handelt sich um eine körperlich nahe, bejahende und fürsorgliche Fürsprache durch den anderen Part und ist dem Trösten ähnlich, aber ihm nicht gleich. Sanftes Streicheln an erregenden Stellen, aber nicht an den primären Geschlechtsorganen, Umarmungen und sanfte Küsse sind auch zum Trost geeignet. Aussagen, dass alles wieder gut wird oder Ausdrucksformen des Mitleids sind hingegen völlig unpassend, weil es dem anderen Part auf einer anderen Bewusstseinsebene nach wie vor überwältigend gut geht. Es widerspricht auch dem wieder einsetzenden Verstand, wenn man einen Menschen, der gerade extrem guten Sex hatte, bemitleidet. Sowohl dem Geschehen als auch der Gefühlslage des anderen Parts angemessener sind Aussagen, die bestätigend wirken und die frühkindliche Ebene berühren, ohne dass der andere Part der Lächerlichkeit preisgegeben ist. Sie beugen auch eventuellen Schamgefühlen vor oder gegen sogar Futter für die Phantasie im Zuge der nächsten Erregung in den folgenden Stunden oder Tagen. Im Kern sollten Aussagen fallen, wonach das Gegenüber alles richtig gemacht hat. Männern, die gerade ejakuliert haben, kann etwa gesagt werden, dass er ein guter Junge ist, weil er „gespritzt" hat, und dazu könnten sie gestreichelt werden. Eine Frau, die nach einem starken, lauten und sehr feuchten Orgasmus verwirrt ist, könnte gezeigt werden, dass sie dafür bewundert wird, wie viel Flüssiges sie hinterlassen hat, und dass sie ein toller Mensch ist, weil sie Sex so intensiv lebt. Neben solchem Applaus für offenbare körperliche Ausdrucksformen der Lust hilft es vielen, wenn ihnen in diesem Moment eine besondere Wertschätzung als Mensch entgegengebracht wird. Die Aussage „Ich könnte ewig mit dir kuscheln" mag einige Menschen ansprechen, einige Frauen mögen es auch, wenn ein Mann, der ein Kompliment für seine sexuellen Fertigkeiten erhält, die Antwort gibt, er wisse eben, wie man „sich einer Dame gegenüber zu benehmen hat". Hierbei ist aber eine Einschätzung des Gegenübers wichtig, weil sexuell sehr selbstbewusste Frauen solche Äußerungen als lächerlich oder altklug ansehen könnten. Auch sie können einen Absturz erleben, und es wäre dann angemessener, ihr Selbstbewusstsein und ihre Energie zu loben. Stets sollten Aussagen in diesen Momenten so gemeint sein, wie sie fallen, und um den richtigen Anknüpfungspunkt zu finden, benötigt man Einfühlungsvermögen. Wie auch dieses Beispiel zeigt, entsteht guter Sex zu einem großen Teil im Gehirn, allerdings kann man das Gehirn bekanntlich trainieren. Auch

Einfühlungsvermögen ist nicht nur angeboren, sondern entsteht auch aus der Erfahrung und der eigenen Selbstvergewisserung.

Kapitel 18 – Herausforderungen in laufenden Partnerschaften

Partnerschaften erfordern ständiges Einfühlungsvermögen, und wie sie verläuft, hängt allein von beiden Partnern ab. Selbst Störungen von außen, wie etwa Einmischungen und Wünsche außenstehender Familienmitglieder oder von Freunden, können die Partner einvernehmlich abwehren. Schicksalsschläge können sie gemeinsam durchstehen, wenn sie die Kraft dazu haben.

Zu der Frage, welche Verhaltensweisen und Einstellungen für das Gelingen einer Partnerschaft entscheidend oder förderlich sind, wurden große Mengen an wissenschaftlicher und Ratgeberliteratur veröffentlicht, worauf hier verwiesen werden soll. Insbesondere, dass Paare viel miteinander reden sollen, ist ein üblicher Ratschlag. Er ist offenbar fortwährend wichtig, weil viele Paartherapeuten berichten, die Paare, die sie aufsuchen, hätten nicht ausreichend miteinander gesprochen.

In welcher Weise Paare nun miteinander sprechen, ist von Paar zu Paar derart unterschiedlich, dass hierzu kaum allgemeingültige Hinweise gegeben werden können. Ebenso kann keine feste Regel dazu formuliert werden, welcher der Partner in welcher Weise einen Auftakt zu einem Gespräch über das Swingen und darüber machen kann, ob man den Schritt gehen kann. Bereits Angst davor, bei einer entsprechenden Nachfrage auf Empörung des anderen Parts zu stoßen, kann auf eine fehlende Ehrlichkeit hinweisen, die zwischen den Partnern besteht.

Insbesondere sollten die für Swinger entscheidenden Glaubenssätze beider Partner miteinander vereinbar sein. Insbesondere die oben wiedergegebenen Grundvorstellungen, wonach das Glück der Welt ein Kuchen sei, der nicht vergrößert werden könne, sollten beide Partner nicht beieinander vorfinden. Keiner der beiden sollte also, um es kurz zu wiederholen, glauben, die Welt sei ein Kuchen, dessen Größe sich niemals ändern könne, weshalb jeder zusehen müsse, möglichst viel davon abzubekommen. Somit dürfen die Partner einander und anderen auch nicht unterstellen, dass alles, was Menschen tun, letztendlich dem Zweck diene, das eigene Tortenstück zu vergrößern.

Nach einer grundlegenden Klärung des „Ob" gibt es erfahrungsgemäß Herausforderungen, denen sich Partner in einer Swingerbeziehung wiederholt stellen müssen. Sie müssen miteinander mit den Fragen von Besorgnis, Neid und Eifersucht umgehen und hierzu gegebenenfalls vorsorgliche Vereinbarungen treffen, die oben bereits beispielhaft dargestellt worden sind. Sie können etwa einig darin sein, dass sie Sex mit anderen nur in demselben Raum haben, oder auch umgekehrt, dass sie diese Begegnungen nur getrennt haben.

Während des Swingerlebens ergeben sich dann Ereignisse, mit denen umzugehen ist, und zwar manchmal auch auf eine Weise, die dem Wertesystem monogam lebender Menschen widersprechen würde. So mag es für manche absurd klingen, dass Solidarität und Rücksichtnahme innerhalb der Partnerschaft auch falsch sein können, und zwar genau dann, wenn sie nicht nötig ist.

Partner sollten sich etwa abgewöhnen, ein schlechtes Gewissen gegenüber dem anderen Part deswegen zu haben, weil das eigene Sexleben momentan besser verläuft als dasjenige des anderen. In diesen Sachlagen spielt nicht Eifersucht eine Rolle, weil sich beide Partner letztendlich dieselbe Freiheit leisten.

Dem wuchtigen Gedanken, dem anderen Part ein schlechtes Gewissen zu schulden, kann entgegengetreten werden, indem man sich vor Augen hält, dass sich das Blatt auch wenden kann. Erfahrungsgemäß kann dies recht schnell geschehen. Hilfreich ist auch der Umstand, dass man stets auch miteinander guten Sex haben kann. Keiner der Partner wird also in einem Zustand der Unterversorgung verharren müssen. Das Jammern bewegt sich, wie man es gern ausdrückt, auf einem hohen Niveau. Man kann auch die Freude zum Ausdruck bringen, dass es dem anderen Part bei dem Sex mit anderen gerade so gut geht, und dass beide Partner mit dem beidseitigen Sex miteinander zufrieden sind.

Es ist dabei eine notwendige Voraussetzung, es als eigene Aufgabe anzusehen, die Partnerin oder den Partner zu befriedigen. Zudem sollte geklärt sein, dass das Zuhause und das Bett, in das man zurückkehrt, dasjenige ist, in dem auch der Partner oder die Partnerin schläft.

Kapitel 19 – Einvernehmen und passende Veranstaltungen

Eigentlich eine Selbstverständlichkeit und zugleich die Abgrenzung zwischen gemeinsamer Freude und schlicht strafbarem Verhalten stellt die Grundregel dar, dass alle sexuellen - und auch sonstigen - Handlungen einvernehmlich erfolgen müssen. Was dies genau in Swingerclubs bedeutet, wird im zweiten Band näher besprochen werden. Es kommt bei dem Einvernehmen darüber, was überhaupt ein Einvernehmen sei, nämlich ein wenig auf die Rahmenbedingungen an. In einem Darkroom, in dem es schlicht völlig dunkel ist, besteht nicht die Möglichkeit, vor jeder Berührung anderer Menschen zu fragen, weil man sich in andere Menschen schlicht hinein bewegt. Eine gefesselte und geknebelte Person kann ihr Einverständnis oder dessen Ende nicht durch klare Aussagen belegen, sondern es müssen hierfür andere Zeichen vereinbart sein. Wer bestimmte Spielarten des Sadomasochismus praktiziert, wird mit dem anderen Part Rufe wie „Autsch" oder sogar „Nein, bitte nicht" nicht als Abbruchsignal verabreden, sondern andere Wörter, die sogenannten Safewords.

Ohne dass diese vielen Varianten hier weiter thematisiert werden können, gibt es bei ihnen beiden zwei goldene Regeln, nämlich zum einen, dass ein Einvernehmen nicht während, sondern vor dem sexuellen Kontakt mit allen Beteiligten eindeutig bestehen muss, und andererseits, dass sichergestellt sein muss, dass dieses Einvernehmen jederzeit, naturgemäß nicht rückwirkend, aufgehoben werden kann. Sex gegen den währenddessen jederzeit bestehenden Willen von Beteiligten darf nicht stattfinden, und das geben nicht nur Swingerregeln vor, sondern es ist auch dem Strafgesetzbuch zu entnehmen.

Früher stets, in jüngerer Zeit weniger war das Motto „Alles kann, nichts muss" in der Werbung von Swingerclubs zu finden. Es sollte Vorsichtigen signalisieren, dass sie im Club nicht zum Sex gedrängt würden, und dass sie keine Übergriffe befürchten müssen. Dies gilt heute noch uneingeschränkt, kann allerdings auch wegen einer bestimmten Missverständlichkeit zu unpassenden Situationen für andere Gäste führen. Es geschah in einigen Clubs häufiger, dass Einzelpersonen oder Paare nur den Club besuchten, um andere, sexuell aktive Gäste beim Sex regelrecht anzustarren. Dieses Verhalten wurde von aktiven Gästen bemängelt oder führte sogar zu ihrem Ausbleiben, womit einzelne Clubs sich schleichend in Ess-, Trink- und vielleicht Tanzclubs verwandelt und zum Missfallen der Stammgäste ihren Charakter verloren hätten.

Zumindest für einige Partyformate wird daher von Clubs ausdrücklich darauf hingewiesen, die Veranstaltung richte sich an aktive Gäste. In anderen Worten wird dann auch gesagt, sie sei für Anfänger oder nur Neugierige nicht geeignet. Die Bezeichnung als Orgie hat zumeist ebenfalls diese Bedeutung und soll das gleiche mit einem positiv belegten Wort ausdrücken.

Selbstverständlich gilt der Grundsatz „Ein Nein ist ein Nein" überall. Bei Partys oder Clubs, die auf Aktivität ausgelegt sind, ist ein Besuch mit dem von vornherein festgelegten Vorsatz, nicht oder sehr wahrscheinlich nicht selbst aktiv zu werden, allerdings unpassend. Letztendlich zeigt jemand, der oder die auf eine unpassende Party geht, eben auch eine gewisse Missachtung der Gäste, die das wollen, was eigentlich Zweck der Veranstaltung ist. Wer ein Heavy-Metal-Konzert besucht, sollte sich nicht über Lärm aufregen oder lautstark die Meinung zum Ausdruck bringen, Lederjacken seien hässlich.

Ebenso respektlos und unpassend kann es also sein, auf eine ausgemachte Orgien-, Herrenüberschuss-, Frauenüberschuss-, Geht-Sofort-Los- oder Gangbangparty zu gehen durch eigenes Verhalten oder sogar ausdrücklich die Haltung zu vermitteln, die aktiven Besucherinnen und Besucher seien doch Schweine, man schätze das Edle und Wahre, und man habe sich daher von vornherein festgelegt, das man Sex nur sehr exklusiv habe und auf keinen Fall so, wie die vielen anderen Besucher es offenbar bevorzugen.

Zumindest grenzwertig sind gelegentlich zu hörende Äußerungen der Art: „Wir wollen nur die Atmosphäre genießen, uns anregen lassen und Paare beobachten." Die Soziologin *Miriam Venn* bringt dies mit den Worten zum Ausdruck, er sei „ersichtlich, dass immer mehr Paare in Swingerclubs strömen, die Partnertausch von vornherein ausgeschlossen haben und nur voyeuristisch partizipieren, um sich von der als erotisch und sexuell aufgeladen wahrgenommenen Atmosphäre anregen zu lassen."[10] Zugleich beschreibt sie, wie Swinger in einschlägigen Internetforen oder auch in einem Interview mit ihr solche Verhaltensweisen beanstanden.

Ein Swingerclub ist kein Affenhaus, in dem Besucher die Bonobos beim Kopulieren beobachten können, um dann zu Hause bei ausgeschaltetem Licht beim Sex eine geile Phantasie zu haben. Die anderen Besucherinnen und Besucher sind nicht dort, um unfreiwillige Darsteller in einem Live-Porno für Leute zu sein, die sich für etwas Besseres halten.

Für Zaghafte, Anfängerinnen und Anfänger und für Menschen, die eher schauen als aktiv sind, oder die schlicht in Dessous oder Fetischkleidung Cocktails trinken oder tanzen möchten, gibt es eine ausreichende Zahl passender Partys und Amüsierbetriebe. Sie sollten Veranstaltungen meiden, in denen die Aktivität der Gäste im Vordergrund steht.

Kapitel 20 – Klarstellung zum Begriff „Partnertausch"

Ein eigener kurzer Abschnitt wird dem Begriff „Partnertausch" gewidmet. Dieser Begriff wird oft missverstanden und bedarf daher einer Erläuterung. Wird der Begriff von Swingern verwendet, bedeutet er schlicht, dass ein Partner oder eine Partnerin oder zumeist beide Sex mit anderen Menschen haben. Weiter geht die Bedeutung nicht. „Partnertausch" bedeutet also ausdrücklich nicht, dass ein monogamer Lebenspartner durch eine andere Person ausgetauscht wird. Es ist kein Partner-Austausch. Wer sich zum „Partnertausch" bereit erklärt, verliert also den Partner oder die Partnerin nicht, und niemand erwartet dies. Man findet immer wieder zum ursprünglichen Partner zurück. Niemandem wird der Partner oder die Partnerin weggenommen.

Kapitel 21 – Fazit und Ausblick

Einige Swinger-Paare und Menschen, die in offenen Beziehungen leben, beherzigen noch weitere Grundsätze, die durchaus Sinn ergeben. Man kann diese Grundsätze auch als ein Fazit des bislang in diesem Buch Besprochenen ansehen.

Erfahrene Paare beherzigen zum Beispiel den Grundsatz: „Ich lebe kein Doppelleben." Man muss nicht jedem alles erzählen. Gegenüber der Oma, den Kollegen oder dem Chef sollten Paare zumeist nicht offenlegen, welches Leben beide Partner einvernehmlich „unten herum" leben. Schlicht und ergreifend es diese Menschen nichts an, und sehr oft möchten sie es gar nicht wissen. Vielmehr sollte dafür Sorge getragen werden, dass nirgends eine wirkliche Katastrophe entsteht, wenn diese Umstände auf irgendeine Weise entstanden sind. Sehr viele besondere Krisen in jedem Maßstab sind nicht deshalb entstanden, weil sich Menschen auf eine bestimmte Weise verhielten, sondern deshalb, weil sie es in heimlicher Weise taten.

Es zeugt außerdem von charakterlicher Bildung, wenn Partner miteinander vereinbaren, Vertrauliches, das man von Außenstehenden erfahren hat, auch innerhalb der eigenen Beziehung grundsätzlich nicht anzusprechen. Jedes Ärztepaar weiß, dass die Schweigepflicht, die persönliche Verhältnisse von Patienten betrifft, auch zu Hause besteht. Auch Menschen, die nicht Ärzte sind, sollten einander nicht offenlegen, was ihnen von anderen Sexpartnern im Vertrauen mitgeteilt worden ist. Sätze wie: „Das erzähle ich nicht von ihr, das ist zu intim" oder „Das hat er mir persönlich anvertraut" sollte man auch innerhalb einer Beziehung wie selbstverständlich sagen dürfen. Dass der eigene Partner einen solchen Satz sagt, bezeugt, dass sich die eigene Partnerin oder der eigene Partner auch zum eigenen Vorteil diese zwischenmenschliche Aufmerksamkeit als Handlungsgrundsatz zu eigen gemacht hat.

Nicht zu viele eigene Gefühle sollten als Eifersucht gedeutet werden. Das negative Gefühl, das entsteht, wenn ein Ereignis bei einem der Partner weniger begeistert, während der andere Partner zufrieden ist, kann als Enttäuschung begriffen werden, nicht allerdings zwingend als Eifersucht wegen des guten Sex, den der Partner oder die Partnerin hat.

Menschen in einer Swinger-Partnerschaft stehen nicht im Wettbewerb mit anderen Menschen außerhalb der Beziehung. Dies gilt auch mit Bezug auf Menschen, mit denen der Partner oder die Partnerin Sex hat. Es ist hilfreich, mit dem Gedanken zurechtzukommen, dass man selbst oder der Partner oder die Partnerin auf sensationelle Sexpartner stoßen könnte. Wenn einer Frau das beste Stück eines Sexpartners viel Freude bereitet, ist das in Ordnung. Man kann dies genießen und auch dem anderen Partner offenlegen. Es gibt zwei denkbare Reaktionen auf den begeisterten Sex-Bericht mit einem anderen Menschen: „Liebst du mich noch?", oder „Wirklich? Klasse, erzähl mal, was er oder sie denn gemacht hatte; zeigst du mir das mal?" Swinger sollten zur zweiten Reaktion bereit sein und nicht glauben, sie seien sexuell in jeder Hinsicht unschlagbar.

Nach einiger Zeit müssen Swinger so manche erlernte Geschlechterrollen in Frage stellen. Die gesellschaftlich kolportierten Geschlechterrollen sind mit einer offenen Beziehung oftmals nicht kompatibel. Wer sich als Mann oder Frau verhält, wie es im Film oder bunten Blättern den Rollenklischees entspricht, stößt an Grenzen. Das gilt vor allem, aber nicht nur für Frauen - vor allem Frauen lernen zu akzeptieren, dass die Sexualität für sich selbst da ist, und es völlig legitim ist, Männer oder andere Frauen zu aktiv verführen oder Fetische zu haben und zu leben. Anekdotisch wird im Stil eines Internet-Memes von einer Frau berichtet: „Der Tag, an dem ich auf die Frage, mit wie vielen ich schon Sex hatte, nur mit einem hysterischen Lachanfall antworten konnte."

Fast alle Swinger vereinbaren klare Regeln, die das Zuhause vom Externen trennen. Solche Regeln sollten auch leicht einzuhalten sein. Denkbar sind Absprachen, wonach zu Hause geschlafen wird oder kein Sex mit Dritten im gemeinsamen Bett stattfindet. Schwer einzuhalten sind allerdings Verbote, wonach Dritte bei keinem denkbaren Anlass die Wohnung betreten dürfen, oder wonach vermieden werden muss, dass der eigene Partner einen Sexpartner des anderen kennenlernt. Denn aus Sex können sich sehr nette Freundschaften entwickeln, an denen ein Partner vielleicht irgendwann den anderen Partner teilhaben lassen möchte. Sexpartner zum Beispiel nicht zum Geburtstag einladen zu dürfen, erscheint aus diesem Grunde überzogen. Es ist andererseits nicht realistisch, vom Partner auch zu fordern, dass er die eigenen Sexpartner so angenehm findet wie man selbst.

Einige Paare treffen auch Absprachen, wonach bestimmte Praktiken ihnen selbst vorbehalten bleiben. Oftmals handelt es sich um Geschlechtsverkehr im Sinne eines Eindringens in die Vagina mit dem Penis. Seltener küssen die Partner keine Dritten. Es müssen Paare selbst entscheiden, ob sie diese Vorbehalte bevorzugen, oder aber der Überwältigung durch das eigene Verlangen freien Lauf lassen wollen.

Einige Paare vereinbaren, dass sie Sex mit Dritten nur dann haben, wenn sie gemeinsam im Raum sind. Wieder andere Paare möchten beim Sex eines Partners mit Dritten keinesfalls zuschauen. Sex in einem Raum, in dem sich beide gemeinsam aufhalten, ist für die vielen Paare interessant, die es erregt, ihrem jeweiligen Partner beim Sex zuzuschauen. Sex in getrennten Bereichen hat wiederum den Vorteil, dass sich jeder Partner vollkommen auf den jeweiligen Sexpartner konzentrieren und sich ohne Hemmungen vertraut geben kann.

Ein für viele Paare erfolgreiches Modell stellt es dar, so wenige Regeln wie möglich zu treffen, sofern nicht der Bereich des anderen, wozu auch eine gemeinsame Wohnung zählt. Gefühle des Unwohlseins müssen die Partner aussprechen können. Die Erfahrung zeigt auch, dass Geschehnisse, die von einem Partner an einem Tag als unangenehm empfunden werden, an einem anderen Tag bei einem ähnlichen Ablauf anders empfunden werden. Aus diesem Grunde sollte man vorsichtig damit sein, aus einem einmaligen Unwohlsein darauf zu schließen, dass es sich in einer vergleichbaren Lage zwingend wieder einstellen würde. Entwickelt sich ein problematisches Verhältnis zu dem Sexpartner nur eines Partners, ist es nicht Aufgabe des anderen Partners, diese Schwierigkeiten zu lösen. Abgesehen davon, dass diese Aufgabe nicht in die Zuständigkeit des anderen Partners fällt, kann sie oder er oder sie auch nicht erfüllen.

Es gibt den bekannten Spruch „Ist Dir Dein Ruf lieb, tu's nicht im Betrieb." Gemeint ist damit nicht die eine, langjährige Ehe zwischen Herrn Schmitz aus der Personalabteilung und Frau Schmitz vom Einkauf. Gemeint sind vielmehr Affären und „Freundschaften plus" nach einer Öffnung der Beziehung unter Verquickung beruflicher und sexueller Interessen. Schöne Gelegenheiten zum Sex warten auch woanders als ausgerechnet im beruflichen Umfeld.

Ein letzter Ratschlag lautet, keinen Zwang zu empfinden, alles durchzusprechen. Überall ist zu lesen, Paare sollten offen miteinander sprechen. Dies ist richtig. Menschen können den Ratschlag zugleich missverstehen. Wenn sie mit viel Aufwand theoretisch bestehende Probleme suchen, wo es in Wirklichkeit keine Probleme gibt, können sie auch vieles schlicht zerreden. Bevor man ein Problem bespricht, hilft die Kontrollüberlegung, ob es sich wirklich um ein Problem handelt. Allein die Behauptung anderer, es bestehe üblicherweise in einem bestimmten Zusammenhang ein Problem, bedeutet nicht, dass man selbst von ihm betroffen ist.

Teil 3
Eine kurze Schlussfolgerung in Stichworten

Kapitel 22 – Zur Offenheit einer Beziehung

Auch wer in einer festen Beziehung lebt, kann mit anderen Menschen ebenfalls schöne Momente erleben.

Es gibt keinen rationalen Grund, monogam zu leben.

Es gibt keinen Grund, im Rahmen des Erlaubten und im Einvernehmen mit den anderen Beteiligten die eigene Sexualität nicht auszuleben. Dies gilt unabhängig vom eigenen Geschlecht.

Man kann Sexualität als Selbstzweck leben, ohne damit Menschen abzuwerten.

Menschen, die auf offene Beziehungen und vergleichbare Einstellungen aggressiv oder abwertend reagieren, können dies nicht schlüssig begründen, und verhalten sich sehr oft verletzend.

Man sollte einerseits kein Doppelleben führen und andererseits nicht allen Menschen alles erzählen.

Es ist normal, dass man sich verknallt fühlt, wenn man guten Sex hatte. Das Hormon, das dafür hauptsächlich verantwortlich ist, nennt sich Oxytocin, und dessen

Ausschüttung kann man nicht willentlich beeinflussen, wofür es auch keinen wirklichen Grund gibt, wenn man sich schon für ein Swingerleben oder auch schlicht eine offene Beziehung entscheidet.

Nein, man muss nicht mit anderen jeweils anders kuscheln oder sich nette Dinge sagen. Man darf es aber.

Es gibt viele Gründe, mit einer festen Partnerin oder einem festen Partner zusammen zu sein und nicht mit einem gelegentlichen anderen Sexpartner. Und sogar wenn es der einzige Grund sein sollte, dass der feste Partner oder die feste Partnerin zuerst da war, ist das ein gewichtiger Grund, der sich Loyalität nennt. Die meisten Menschen finden allerdings noch mehr Gründe.

Man muss Sexpartner nicht mit dem festen Partner vergleichen. Es ist aber erlaubt.

Man muss kein schlechtes Gewissen haben, wenn man mit anderen Menschen Sex hat, weil nämlich alle Beteiligten erwachsen sind und zugestimmt haben.

Gegen ein störendes Gefühl der Überforderung nach dem Sex, vergleichbar mit einem Kater nach dem Genuss von Alkohol, hilft am besten: nochmals Sex. So lange, bis das Hirn erst einmal weggeblasen ist. Im Gegensatz zum Alkohol ist Sex gesund.

Nach einem schönen Moment ist es normal, so etwas wie Abschiedsschmerz zu empfinden. Dies empfindet der feste

Partner vielleicht auch, und den festen Partner kann und sollte man in solchen Momenten auffangen.

Kapitel 23 – Zum Swingen

Swingen ist unschädlich und macht die meisten Menschen, die es praktizieren, sehr glücklich.

Wer damit begonnen hat, hört nicht auf. Wer es nicht möchte, sollte nicht anfangen. Es gibt für die meisten Menschen kein Zurück.

Swinger sind fast ausnahmslos freundlich und normalerweise nicht aufdringlich.

Es ist nicht nötig, einen Körperkomplex zu entwickeln oder mit ihm weiter zu leben.

Wer einen Swingerclub besucht, betritt kein Affenhaus. Daher sollte Respekt gegenüber den Menschen gezeigt werden, die dort Sex haben.

Der Besuch eines Swingerclubs verpflichtet niemals dazu, mit bestimmten Menschen oder überhaupt selbst Sex zu haben. Dies gilt ausnahmslos. Dieser Umstand schließt nicht aus, dass man nicht zu einer bestimmten Art von Veranstaltungen passt.

Der Begriff „Partnertausch" bedeutet, dass man Sex mit anderen hat, nicht aber, dass der eigene Partner oder die eigene Partnerin gegen einen anderen Menschen ausgetauscht wird.

Endnoten

[1] Bundestags-Drucksache IV/650, Seite 391 f.

[2] ebd., S. 376.

[3] ebd., Seite 384.

[4] Gerhard Simson, JuristenZeitung 1970, S. 568 f.

[5] Manuela Beyer, zitiert nach Nina Ponath, "... sie wurden gewahr, dass sie alle nackt sind", Spiegel Online vom 19.02.2022, 17:48 Uhr, https://www.spiegel.de/partnerschaft/joyclub-wie-ein-erotikportal-zum-groessten-digitalen-swinger-club-wurde-a-48f1c59c-7033-4f15-a180-c6dd15f00c69, abgerufen am 28.05.2022.

[6] BVerwG v. 25.05.2022, 2 WRB 2.21.

[7] Nur als Beispiel: Maren Hoffmann, "Sex ist Privatsache!", in Spiegel online vom 25.05.2022, 19:49 Uhr, https://www.spiegel.de/karriere/kommentar-zum-fall-anastasia-biefang-sex-ist-privatsache-a-766dd69f-b39f-4ab5-9bfc-72fda051c242 , abgerufen am 28.05.2022.

[8] Interview mit dem Rechtsanwalt Michael Giesen, Düsseldorf, von Florian Gontek, in Spiegel online vom 27.05.2022, https://www.spiegel.de/karriere/jurist-zum-fall-anastasia-biefang-sie-ist-nicht-irgendeine-soldatin-a-eea2bd5a-8d2c-4afe-8c4a-6184018b4ee1 , abgerufen am 28.05.2022.

[9] https://www.joyclub.de/event/1256063.some_like_it_hard_exklusiver_partyabend_wiesbaden.html; "Some like it hard - Exklusiver Partyabend; Ankündigung für eine Party in Wiesbaden am 21. Mai 2022; abgerufen am 29. April 2022.

[10] Miriam Venn, "Zur Pluralisierung des Swinging in der eventisierten Lebenswelt der Swingerpaare", in: Sven Lewandowski, Cornelia Koppetsch (Hrg.), "Sexuelle Vielfalt und die UnOrdnung der Geschlechter"; Bielefeld, 2015; S. 249, 260.